Deeskalation in der Pflege

3. überarbeitete Auflage

Gewaltprävention
Deeskalierende Kommunikation
SaFE- und Schutztechniken

BaER® Akademie Essen
Bewältigung **a**ggressiver **E**motionen & **R**eaktionen
Deeskalation, Gewaltprävention und Coaching

Deeskalation in der Pflege
Gewaltprävention - Deeskalierende Kommunikation - SaFE- und Schutztechniken
Copyright © 2010 / 3. Auflage 2017 Tim Bärsch / Marian Rohde
Text: Tim Bärsch / Marian Rohde
Grafiken und Satz: Tim Bärsch
Fotos im Buch: Autoren, Thomas Müller, Frank Müller, Andreas Rähl, Matthias Rüffer, Angela Waller
Coverfoto: Copyright © Rocketclips (www.fotolia.com)
Covergestaltung: Guido Zimmermann (www.guidozimmermann.com)

Bibliografische Information der Deutschen Nationalbibliothek
Die Deutsche Nationalbibliothek verzeichnet diese Publikation in der Deutschen Nationalbibliografie; detaillierte bibliografische Daten sind im Internet unter http://dnb.d-nb.de abrufbar.

Herstellung und Verlag: BoD - Books on Demand, Norderstedt
ISBN 9783839189870

BaER® Akademie Essen
Bewältigung **a**ggressiver **E**motionen & **R**eaktionen
Deeskalation, Gewaltprävention und Coaching
Geschäftsführung: Tim Bärsch
Internet: http://www.baer-sch.de
Email: kontakt@baer-sch.de

Inhaltsverzeichnis

Vor(her)-Worte

„Tu was du kannst, mit dem was du hast, wo immer du bist."
Theodor Roosevelt

Nach verschiedenen Studien wurden zwischen 72 und 78% der Mitarbeiter in Gesundheitseinrichtungen verbal angegriffen. Zwischen 42 und 56% waren beruflich körperlicher Gewalt ausgesetzt. 28% der Pflegekräfte in Deutschland erleben mindestens einmal im Monat massive Gewalt von Patienten oder Angehörigen. Stress und Gewalt scheinen das Pflegepersonal beruflich überall zu begleiten. Die NEXT-Studie zeigt, dass 18,4% der Pflegenden über einen Berufswechsel nachdenkt. Der Großteil gibt besonders belastende Situationen als Grund an. Dies war für uns ein wichtiger Grund, um nach dem allgemeingültigen Buch „Kommunikative Deeskalation" ein eigenes Deeskalations-Buch für den Pflegebereich zu schreiben.

Besonders die Psychiatrie und die Notaufnahmen sind von körperlichen Übergriffen betroffen. Die Gewalt in der Altenpflege und bei Rettungsdiensten wurde lange unterschätzt und auch auf Neugeborenen-Stationen kommt es zu Übergriffen *(natürlich nicht mit den Neugeborenen, sondern eher mit deren Angehörigen.)*

Dabei gibt es **keine** Universallösung beim Thema Deeskalation. Die Reaktion, die einmal *richtig* war, kann in der nächsten Situationen *falsch* sein. Deshalb gibt es bei dem Thema Deeskalation eigentlich kein *richtig* oder *falsch*. Es gibt nur Reaktionen, die die Wahrscheinlichkeit erhöhen, dass es nicht zu einer Eskalation kommt. Doch mit diesem Buch oder einem Seminar ist diese Thematik natürlich nicht abgeschlossen.

Für die Deeskalation ist, wie in vielen Bereichen, ein ganzheitliches und lebens-langes Lernen notwendig. Durch den Kauf dieses Buches haben Sie Ihr „Wollen" (Herz) signalisiert; wir möchten das „Wissen" (Kopf) mit diesem Buch an Sie weitergeben und das „Können" (Hand) bekommen Sie durch Ihre Erfahrungen und bestenfalls im gesicherten Rahmen eines Seminars vermittelt.

Dies ist ein **Praxisbuch** und keine Doktorarbeit und wir möchten auch nicht Bundespräsident oder Minister werden. Deshalb haben wir manchmal nicht zu 100% wissenschaftlich gearbeitet, damit der Text leicht zu verstehen und lesbar ist. Wir haben die ganze Zeit versucht, klar, deutlich und deutsch zu schreiben. Fremdwörter haben wir weitestgehend vermieden. Wörter, auf deren Stamm und deren Bedeutung wir besonders hinweisen möchten, haben wir durch einen Bindestrich getrennt und verbunden.

Humor (gerade schwarzer Humor) ist unsere Art mit schlimmen Themen (z.B. Gewalt) umzugehen. Es ist für uns eine innere Reinigung (Katharsis) und verschafft uns Abstand zu dem Thema. Humor ist durch Kursivschrift gekennzeichnet und ist für das Verständnis des Textes nicht wichtig.

Liebe Leserinnen, bitte fühlen Sie sich auch angesprochen, wenn wir im Folgenden nur die **männliche Form** verwenden. Die Gründe dafür sind die bessere Lesbarkeit, die sprachliche Einheitlichkeit *und weil wir Machos sind.*

In dieser Auflage haben wir den Bereich der körperlichen Techniken erweitert. Wir hatten die Nase voll von den „Polizeispezialeinheitenhebeln" und wollten „menschenfreundlichere" Techniken in der Pflege haben. Mit Kollegen aus verschiedenen Kampfkünsten (WingTsun, Krav Maga, Jiu Jitsu, Grabbling, Mixed Martial Arts, Karate) und aus verschiedenen Berufsgruppen (Polizei, Justiz, Jugendhilfe und natürlich dem Pflegebereich) entwickelten wir deshalb die **SaFE-Techniken** (**S**chmerz**a**rme **F**esthalte- und **E**ingriffs-Techniken). In diesem Buch sind einige dieser Techniken beschrieben.

Vielen Dank für Anregungen, Kritiken und Korrekturen an: Sibylle Bärsch, Frank & Thomas Müller, Andreas Rähl, André Karkalis, Ralf-Erik Posselt, Emanuel Kellert, Judith Schönebeck, David Schröder, Caro Deschzyk und Maren Robertz

Viel Spaß beim Lesen und wir hoffen, dass Sie neue Informationen erhalten und sich vielleicht sogar selbst weiter entwickeln. Bei Fragen und Anregungen stehen wir Ihnen gerne zur Verfügung. Unsere Kontaktdaten finden Sie hinten im Buch.

Tim Bärsch & Marian Rohde

1   Kommunikation

*„Bewahre mich vor dem naiven Glauben, es müsse im Leben alles ge-
lingen. Schenke mir die nüchterne Erkenntnis, dass Schwierigkeiten,
Niederlagen, Misserfolge, Rückschläge eine selbstverständliche Zuga-
be zum Leben sind, durch die wir wachsen und reifen. "
Antoine de Saint Exupéry*

Nach dem österreichischen Kommunikationswissenschaftler **Paul Watzlawick**
(1921-2007) teilt sich jeder Mensch immer mit („Man kann nicht nicht kommunizieren."). Kommunikation ist ein wichtiges Thema, weil Gewalt eine (Ab-)Art des
sich Mitteilens ist. Der Sender (Schläger) sendet nicht-sprachlich eine Nachricht
(Schlag) zum Empfänger (Geschlagenen).

„Aus Fehlern wird man klug, also ist einer nicht genug!"
Fernsehsendung Klimbim

Damit Sie überhaupt wissen, wovon wir schreiben, definieren und erklären wir allgemeine Ansätze zum Thema Deeskalation. Vielleicht ist nicht jeder Ansatz für Sie interessant. Jedes Kapitel kann aber auch für sich alleine stehen, d.h. Sie können Kapitel überspringen und den Rest des Buches trotzdem verstehen.

1.1.1   Definitionen

„Das Leben ist schön und wenn es grad mal nicht schön ist, dann mach ich's mir schön. Und wenn es dann immer noch nicht schön ist, dann red ich's mir schön." Farin Urlaub – Band „Die Ärzte"

Kommunikation (lat. Communicare: teilen, mitteilen, teilnehmen lassen, gemeinsam machen, vereinigen) bezeichnet auf der menschlichen Alltagsebene den wechselseitigen Austausch von Gedanken in Sprache, Gestik, Mimik, Schrift oder Bild. Hier eine Aufzählung nicht-sprachlicher (nonverbaler) Kommunikationen:

- Kommunikation durch Blickverhalten (Blickkontakt)
- Kommunikation durch Gesichtsausdruck (Mimik)
- Kommunikation durch Körperhaltung u. Körperbewegung (Pantomimik)
- Kommunikation durch Berührung (Taktilität)
- Kommunikation durch räumliche Distanz zum anderen Kommunikationspartner (Regulierung des sozialen Raums)
- Kommunikation durch tönende (vokale) nicht sprachliche Zeichen: Stimmqualität, Stimmhöhe, Stimmführung, Lautstärke, Klangfarbe, Artikulation, Sprechgeschwindigkeit (Paralinguistik)
- Kommunikation durch Beiwerk: Kleidung, Statussymbole, Gestaltung des Raumes usw.

Kurzdefinition für dieses Buch: Kommunikation ist der Austausch von Informationen auf verschiedenen Wegen.

Das Wort **Aggression** leitet sich aus dem Lateinischen „aggredi" ab. Es bedeutet ein aktives Herangehen oder Heranschreiten und stellt somit das Gegenteil zur Passivität da. Das Lexikon beschreibt Aggression als: „Angriffsverhalten, gereizte Einstellung, offene Feindseligkeit". Auch im alltäglichen Sprachgebrauch hat der Begriff Aggression einen negativen Klang im Sinne von Begriffen wie „Störung, Verletzung, Verdrängung oder Vernichtung". Umgangssprachlich bezeichnet Aggression ein widerspenstiges bis wütendes Verhalten sowie Gefühle, die zu solchen Verhaltensweisen führen. Bei Aggressionen kann es sich auch um ein Symptom von Erkrankungen und Persönlichkeitsstörungen handeln.

<u>Kurzdefinition für dieses Buch:</u> Aggression ist ein negatives Gefühl (auch Wut, Ärger, Zorn, Hass), welches zu gewalttätigem Handeln führen kann.

Aggressivität ist die erhöhte Bereitschaft eines Individuums zur Aggression (sowohl genetisch angelegt als auch erworben). Der Hang einer Person zu ständigen Aggressionen kann krankhaft sein.

<u>Kurzdefinition für dieses Buch:</u> Aggressivität ist der Hang zu Aggressionen.

Es finden sich zahllose Definitionen des Wortes „**Gewalt**" und jeder beschreibt es ein wenig anders. Jemanden „aufschlitzen" ist Gewalt. Doch wie ist es, wenn es sich um einen Chirurgen handelt, der eine lebenswichtige Operation durchführt? Ist es wirklich Gewalt, wenn Sie Ihr Kind *gewalt*-sam festhalten, damit es nicht auf die Straße läuft? Ist es Gewalt, wenn ein gewalttätiger Diktator ermordet oder ein Krieg für Menschenrechte geführt wird? Dies definiert jeder Mensch für sich selbst.

Laut Weltgesundheitsorganisation (WHO) ist Gewalt „der absichtliche Gebrauch von angedrohtem oder tatsächlichem körperlichem Zwang oder physischer Macht gegen die eigene oder eine andere Person, gegen eine Gruppe oder Gemeinschaft, die entweder konkret oder mit hoher Wahrscheinlichkeit zu Verletzungen, Tod, psychischen Schäden, Fehlentwicklungen oder Deprivation (Zustand der Entbehrung) führt."

„Gewalt zerstört" lautet die kurze und prägnante Definition des Bielefelder Pädagogen Wilhelm Heitmeyer.

Treffend formulierte der Konfliktforscher Johan Galtung, Gewalt liege dann vor, „wenn Menschen so beeinflusst werden, dass ihre aktuelle somatische und geistige Verwirklichung geringer ist als ihre potentielle Verwirklichung".

„Gewalt tut weh", sagen die Deeskalationstrainer der Gewalt Akademie Villigst.

<u>Kurzdefinition für dieses Buch:</u> Gewalt ist ein Verhalten, welches andere schädigt.

1.1.2   Aggressionstheorien

Jeden Tag wird das Häschen mit der roten Mütze vom Bär und dem Fuchs verprügelt. Eines Tages denkt sich der Fuchs, „das ist doch langweilig, wir brauchen einen Grund." Am nächsten Tag wird es verprügelt, weil es eine rote Mütze auf hat. Dann denkt sich der Fuchs, „der Grund ist doof, wir fragen morgen nach einer Zigarette. Wenn es uns eine mit Filter gibt, hauen wir es, weil es uns den Geschmack versauen will. Gibt es uns eine ohne, schlagen wir es, weil es uns vergiften will." Am nächsten Tag kommt das Häschen wieder an dem Bär und dem Fuchs vorbei. Sie halten es auf und fragen nach einer Zigarette. Darauf antwortet das Häschen: „Wollt Ihr welche mit oder welche ohne Filter?" Fuchs und Bär schauen sich dumm an, dann schubst der Bär den Fuchs mit dem Ellenbogen und sagt: „Du, es hat immer noch eine rote Mütze auf!"

Die Gründe für Gewalt sind für Opfer und Zuschauer nicht immer nachvollziehbar. Um Aggression und daraus resultierende Gewalt verstehen zu können, ist eine Betrachtung der möglichen Ursachen sinnvoll. Die drei am häufigsten genannten werden hier genauer erläutert, mit Blickwinkel auf die Relevanz bezüglich der Vorbeugung (Prävention).

Triebtheorie

Auch wenn die Psychoanalyse und die Verhaltensforschung auf den ersten Blick wenig gemeinsam zu haben scheinen, verbindet sie doch ihr Erklärungsansatz bezüglich Aggression und Gewalt. Sowohl der Psychoanalytiker Sigmund Freud (1856-1939) als auch der Verhaltensforscher Konrad Lorenz (1903-1989) gingen davon aus, dass Aggression ein normaler, angeborener Trieb eines jeden Wesens (und somit auch des Menschen) ist. Der Trieb der Aggression kann sich aufstauen und zu einer spontanen unkontrollierten Entladung führen. Somit handeln alle Menschen in bestimmten Situationen und in bestimmten Zeitabständen aggressiv, was allerdings eine lebensnotwendige Eigenschaft sei, die für Kampf und/oder Flucht (fight or flight Reaktion) in dementsprechenden Situationen unabdingbar ist. Für die Prävention ergeben sich so folgende Aspekte:

- aggressive Triebe müssen umgelenkt werden (Sport, körperliche Arbeit)
- das Ausleben emotionaler Spannungen muss ermöglicht werden
- der Raum für Aktivitätsbedürfnisse muss bestehen können

Frustrations-Aggressions-Hypothese

Aggression wird als Reaktion auf äußere, frustrierende Ereignisse (Enttäuschung, negative Erfahrung, Entbehrung oder Provokation) gesehen. Eine Frustration führe dann zu einer Aggression, wenn diese Wut oder Ärger auslöst.

Die Frustrations-Aggressions-Hypothese fußt auf vier Grundsätzen:
- Frustration führt zu aggressiven Verhaltensformen.
- Die Aggressionsstärke ist proportional zur Frustrationsstärke.
- Bei der Katharsis (innere Reinigung) wird durch aggressives Verhalten aggressive Energie abgeführt und die Aggressionsbereitschaft reduziert.
- Wird die Ausübung der Aggression gehemmt, kommt es zu einer Verschiebung. Andere Personen (Sündenböcke) oder Objekte werden angegriffen.

Ausgehend von diesem Modell ergibt sich für die Gewaltprävention:
- Ärgergefühle müssen verbalisiert werden
- die Interpretationsweisen der Frustrationsauslöser muss verändert werden
- Entwicklung von Frustrationstoleranz und Affektkontrolle
- Anwendung von Entspannungsübungen

Modellernen

Der kanadische Psychologe Albert Bandura (*1925) geht davon aus, dass Menschen durch Imitation und Nachahmung lernen. Experimente mit Kindern bestätigten, dass diese Ansicht auch auf aggressives Verhalten zutrifft.

Bandura folgert, dass die Nachahmung eines aggressiven Modells am wahrscheinlichsten ist, wenn:
- das Modell erfolgreich ist.
- es Macht ausstrahlt („Schlüsselgewalt", Lehrer, Richter, Polizist usw.).
- die Aggression moralisch gerechtfertigt wird.
- eine positive Beziehung zwischen Modell und Nachahmer besteht.
- der Nachahmer frustriert ist.

Ist das Modell unmittelbar anwesend, ist die Nachahmungswahrscheinlichkeit laut Bandura am größten. Ein „latent aggressives" Grundklima kann so zum Abbau von Hemmungen oder zum Erwerb neuer Verhaltensweisen führen.

Bandura merkt an, dass Aggression ein erlerntes Verhalten sei und man dieses auch wieder verlernen könne. Mögliche Präventionsansätze:
- Kritik an aggressiven Modellen wecken
- erwünschtes Verhalten verstärken, unerwünschtes Verhalten hemmen
- Aufzeigen alternativer, prosozialer Verhaltensweisen

1.1.3 Kommunikationstheorien

„Reden lernt man durch reden." Marcus Tullis Cicero

Anschaulich gemacht wird das Prinzip der Kommunikation durch das so genannte Sender-Empfänger-Modell des britischen Soziologen Stuart Hall (1932-2014).

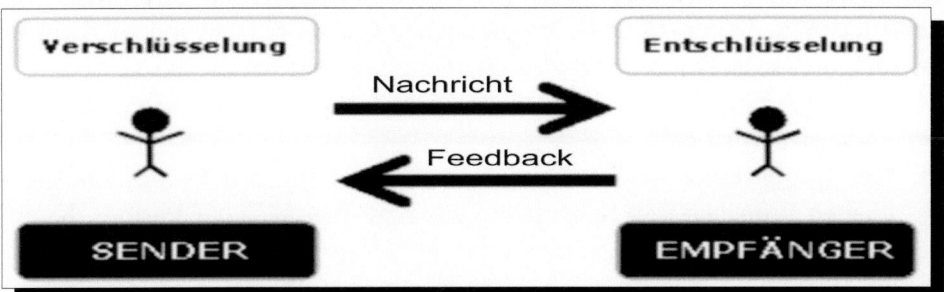

Zwischen Sender und Empfänger wird eine Nachricht ausgetauscht. Dazu bedient sich der Sender (bewusst oder unbewusst) eines Kanals. Dieser Kanal kann die Sprache sein oder auch Gestik, Mimik, Schreiben usw.

Der Empfänger „decodiert" die auf dem jeweiligen Kanal gesendete Nachricht und sendet seinerseits eine Nachricht als Rückmeldung (Feedback). Dieses Modell wird auch als Rückmeldeschleife bezeichnet.

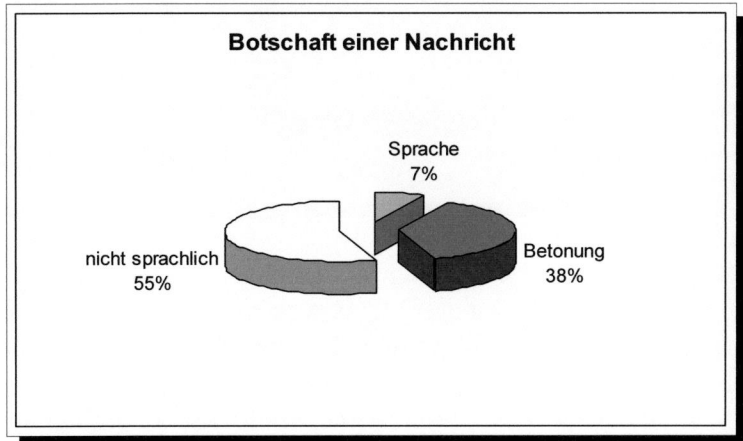

Die Botschaft einer Nachricht bestimmt hauptsächlich der Empfänger und nicht der Sender. Die Wirkung einer Botschaft ergibt sich dabei nur zu etwa 7 Prozent aus ihrem sprachlichen Inhalt. Zu 38 Prozent bestimmen Betonung und Sprechweise unsere Aussage, zu 55 Prozent sind es unsere Gesten und Bewegungen (Untersuchungen von Albert Mehrabian). Stimmen diese drei Bereiche überein, so sind sie kongruent (deckungsgleich). Sie wirken vertrauenswürdig und authentisch (echt).

Der Kommunikationswissenschaftler **Friedemann Schulz von Thun** (*1944) entwickelte das Vier-Seiten-Modell. Wir sprechen und hören bei jedem Kontakt zu einem anderen Menschen auf vier verschiedene Weisen:

1. Der Sachinhalt ist das, was durch gesprochene Worte ausgedrückt wird, also wort-wörtlich.
2. Der Appell einer Botschaft oder einer Handlung drückt die unausgesprochenen Wünsche und Sehnsüchte aus bzw. das, was der Partner davon auf sich bezieht.
3. Im Beziehungshinweis wird ausgedrückt bzw. aufgenommen, wie das Verhältnis der beiden Personen empfunden wird.
4. Die Selbstoffenbarung umfasst verborgene Werte, Emotionen und Triebe. Dieser Teil der Botschaft ist oft nicht-sprachlich.

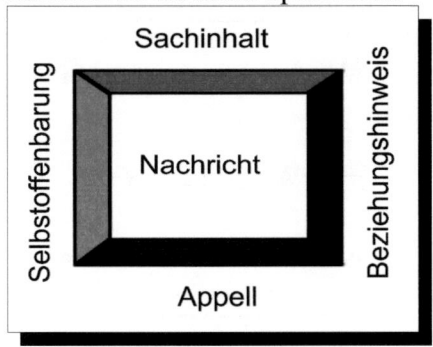

Die vier Seiten einer Nachricht machen zwischenmenschliche Kontakte spannungsreich und anfällig für Störungen. Insbesondere Beziehungs- und Appellebene enthalten ein enormes Konfliktpotential. Denn möglicherweise decodiert der Empfänger die gesendete Nachricht auf einer völlig anderen Ebene, als diejenige, auf der sie gesendet wurde. Interessant sind Theorieeinheiten (auch für Jugendliche) mit greifbaren Beispielen, z.B. die Nachricht „Willst Du noch mit hoch kommen, einen Kaffee trinken?" um fünf Uhr morgens nach einem Discobesuch. Auch die Nachricht „Hurensohn!" auf der Straße hat meist nicht die Absicht, Sie zu informieren, dass Ihre Mutter für körperliche Liebe Geld nimmt.

1.1.4   Körpersprache

„Gehen lernt man durch stolpern." Bulgarisches Sprichwort

Der Körper verständigt sich und ist „der Handschuh der Seele". Gebärden (Gestik) und Gesichtsausdruck (Mimik) sind das oft nicht zu kontrollierende Ventil, durch das Gefühle und Konflikte nach außen dringen. Dies zu deuten und eventuell zu beeinflussen ist heute eine wichtige Sache geworden, z.B. im Verkauf oder in der Politik. (*Woran erkennen Sie einen lügenden Politiker? – Er bewegt die Lippen!*) 250.000 verschiedene Gesichtsausdrücke und fast 1.000.000 nichtsprachliche Signale werden unterschieden. Interessant ist, dass die Körpersprache und das eigene Befinden sich gegenseitig beeinflussen. Wenn ich glücklich bin, sehe ich fröhlich aus. Und wenn ich glücklich schaue, fühle ich mich wohler.

Die Haltung spiegelt die Haltung (Körper- und Geisteshaltung)!

Die Körpersprache hat viele Ausprägungen:
*   Berühren, Streicheln, Schulter klopfen, aber auch Schlagen (Kinästhetisch)
*   Winken, Nicken, Augenaufschlag (Visuell)
*   Husten, Räuspern, Fuß stampfen, Klatschen (Auditiv)
*   Duften, Schwitzen, Eigengeruch, Parfüm (Olfaktorisch)
*   Küssen, Lecken (Gustatorisch)
*   Gesichtsausdruck, Augenausdruck, Mundform (Mimik)
*   Bewegung und Haltung der Hände (Gestik)
*   Blickkontakt, Kopfneigung, -bewegung (Kopf-haltung)
*   Körperneigung, -bewegung, Beinhaltung (Körper-haltung)
*   Beinkreuzen, Winkel zum Gegenüber, Vor- oder Zurückbeugen

Die Körpersprache ist sehr entscheidend und Sie können in allen Kulturen eine Gemeinsamkeit wieder entdecken: **„Groß ist besser als klein".** Im Deutschen heißt es: Sie sind „mickerig", „kleinmütig", „niederträchtig", „kleinlaut", ein „Kleingeist", haben „niedere Instinkte" oder kommen aus der „unteren Schicht". Um dem Gegenüber Respekt zu erweisen, machen wir uns kleiner. Sie nehmen zur Begrüßung den Hut ab, verbeugen sich („Einen Diener machen") oder machen sogar einen Knicks. Die „Vogelperspektive" (von oben nach unten) wird beim Film eingesetzt, um zu zeigen, dass Sie als Zuschauer groß und auch überlegen sind.

Dem gegenüber stehen die aus der „Froschperspektive" gesehenen „hohen Herren" (auch „Hoheit" genannt), die „großen Tiere" oder die „Großen dieser Welt", die auf dem Treppchen „oben" stehen. Sie stehen „über" den anderen und können diese „überzeugen", „überreden", „übertrumpfen" oder einfach „überragen". Die Götter wohnen oben im Himmel oder auf dem Olymp. Die Symbole der Macht und des Erfolges sind auch schon immer groß gewesen, z.B. die Pyramiden, die Kirchen oder Wolkenkratzer. Obwohl körperliche Länge nicht notwendig ist, um in unserer Gesellschaft erfolgreich zu sein, sind die beruflich erfolgreichen Menschen im Durchschnitt größer als der Bevölkerungsdurchschnitt. (Beispiel: Nach Schätzungen von Studenten waren ihre Professoren größer als sie wirklich sind und Mitstudenten kleiner.) Der erfolgreiche Mensch macht ausladende Bewegungen, hat ein riesiges Büro, geht raumgreifenden Hobbys (Golf, Segeln) nach, fährt ein großes Auto, hat „viel" Grundstück, eine Villa mit vielen Zimmern (auch unnötigen wie z.B. dem Geschenkeinpackzimmer). Ansehen zeigt sich in Größe. Besonders beim Mann ist die Größe der PS-Zahl wichtig. (*Wobei einige noch rätseln, ob PS für Pentium-, Potenz-, Penis-, Playmate-rumkrieg- oder Promillestärke steht.*) Um die Größe auszugleichen, richten wir uns in Streitsituationen auf. Wir machen uns breit und plustern uns auf, um Stärke zu zeigen. Tiere haben zusätzlich Federn und Haare, die sie zur Vergrößerung einsetzen können. Die Gorilla stellen ihre Haare an den Schultern auf, damit sie noch breiter und stärker wirken. Das haben unsere menschlichen Armeen und Polizeikräfte weltweit übernommen und zeigen ihre Stärke in Form von Sternen und anderen Zeichen auf ihren Schultern. Auch die breite Brust des Gorilla spiegelt sich wieder in der ordenbehangenen „Heldenbrust".

Gewalttäter sind Meister im Lesen der Körpersprache. Sie erkennen innerhalb weniger Sekunden, ob sie ein „ängstliches Opfer" oder eine „selbst-bewusste Person" vor sich haben. Um ein Gefühl der Macht zu haben, muss der aggressive Gewalttäter einen Sieg er-ringen und sucht sich deshalb ein „Opfer" zum Zweikampf. In diesem Text gehen wir kurz und **stark vereinfacht** auf diese drei Typen (ängstlich, aggressiv, selbst-bewusst) ein und erläutern deren Körpersprache.

Der „Ängstliche Typ" strahlt seine Unsicherheit in Gestik und Mimik aus. Der Begriff Angst kommt aus dem lateinischen und bedeutet soviel wie „Enge". Der Gang und die Bewegungen wirken „eingeengt" furchtsam und der Gesichtsausdruck scheint besorgt zu sein. Die Haltung ist gebückt, die Beine stehen eng zusammen, die Arme befinden sich vor dem Körper, die Schultern und der Kopf sind nach vorne gebeugt. Der „Ängstliche" schützt alle seine empfindlichen Körperteile, die sich auf seiner vertikalen Mittellinie befinden (Nasenbein, Kehlkopf, Solarplexus, Magengegend und Tiefbereich). Es wirkt so, als würde er sich wie ein Igel zusammenrollen oder sich der Embryonalstellung annähern. Er ordnet sich der anderen Person „unter" und macht sich klein.

Der „Aggressive Typ" möchte das Gefühl der Überlegenheit spüren und Macht ausüben. Dass das Gegenüber dem Täter unter-legen ist, zeigt „Mann" am deutlichsten, wenn das Gegenüber ohn(e)-mächtig „unter" ihm liegt. Aus diesem Grund sucht der Aggressive sich ein Opfer und keinen Gegner, weil er sonst selbst unter(n)-liegen könnte. Das Beeindrucken des Gegners durch seine aggressiven Gesten hat sich seit Tausenden von Jahren nicht geändert. Ähnliche Gebärden kann man heute bei verschiedenen Tieren im Zoo, in den Wäldern oder in der Wüste genau so gut beobachten wie bei unseren Artgenossen in der Eckkneipe, auf einer Kirmes oder beim Schützenfest. Der Stand ist mehr als schulterbreit und die Arme sind nach unten zur Seite gestreckt, um der Öffentlichkeit zu zeigen, wie breit und mächtig man ist. Dies ist sehr gut bei „Möchte-gern-Bodyguards" vor einigen Diskotheken zu bewundern. Der Kopf ist angehoben und damit wird der Kehlkopf freigelegt. Die vertikale Mittellinie ist völlig ungeschützt, um dem Gegenüber die empfindlichen Körperpunkte zu präsentieren. Diese Haltung gab es schon bei den Revolverhelden des Wilden Westen: „Ich zeige dir meine Schwachstellen (Kehlkopf, Tiefbereich usw.) und habe meine Waffen unten (Fäuste / Pistolen). Trotzdem hast du keine Chance gegen mich!" Der aggressive

Typ wird gerne von Gleichgesinnten als Gegner und als Herausforderung genommen, um ihm zu zeigen, dass er nicht der Stärkere ist.

Der (sich) „Selbst-bewusste" kennt seine Fähigkeiten, aber auch seine Eigenarten. Er ist sich selbst bewusst. Er kennt seinen Stellenwert und weiß, wie viel Platz er einnehmen „darf". Er steht hüftbreit und seine Körperhaltung ist aufrecht und gerade, ohne hoch-näsig zu wirken. Er hat einen „festen Standpunkt" und besitzt „Rückgrat". Die Wahrscheinlichkeit, dass er von einem Gewalttäter provoziert wird, ist gering. Er ist nicht so direkt einzuschätzen, wirkt aber so, als wolle er keinen Streit. Für den „aggressiven Typ" ist er weder als „Opfer" noch als „Feind" zu erkennen. Der Aggressor kann also weder seinen Selbst-wert durch einen einfachen Kampf aufbauen, noch muss er sein „markiertes" Gebiet verteidigen. Deshalb ist hier die Wahrscheinlichkeit am geringsten, dass der Selbst-bewusste angegriffen wird.

1.1.5   Distanzen

„Der Unterschied zwischen dem richtigen Wort und dem beinahe richtigen ist derselbe Unterschied wie zwischen einem Blitz und einem Glühwürmchen." Mark Twain

Auch kann die **Distanz** zum Gegenüber etwas über Ihr momentanes Verhältnis aussagen. Wenn Sie jemanden sympathisch finden, und Sie sich näher kommen, so verringert sich auch Ihre Distanz (geistig und körperlich). Sie fühlen sich manchmal zu Leuten hingezogen, sind ihnen „zugeneigt" oder finden sie attraktiv. Attraktion heißt übersetzt Anziehung. Wir sind immer noch Rudellebewesen und ordnen uns oft anderen Personen unter, wenn diese mehr „Macht" ausstrahlen. Auch wenn dieser Begriff oft negativ belegt ist, verwenden wir ihn hier, weil er am besten passt. Es ist die Stellung in der Gruppe gemeint und die Fähigkeit, die anderen zu beeinflussen. „Beeinflussung" ist natürlich auch oft negativ belegt, obwohl wir es ständig machen. Wenn wir um etwas bitten, Dienstanweisungen aussprechen oder einfach nur diskutieren, wollen wir den anderen Menschen beeinflussen. Theoretisch dient jede Kommunikation der Beeinflussung. Und je höher das Machtgefälle, desto leichter ist dies möglich.

Die **Intim-Distanz** (auch Nahdistanz) vom <u>Körperkontakt bis zu 90 cm</u> ist die akzeptierte körperliche Distanz zwischen sehr eng befreundeten Menschen, Liebespaaren, Kindern und Eltern.

In der **Persönlichen Distanz** (Gesprächsdistanz) um <u>etwa 1m (0,9 bis 1,5 m)</u> kann der andere nicht mit der Faust erreicht werden, aber die Gesprächspartner haben immer noch die Möglichkeit, sich die Hand zu geben. Es ist die typische Distanz von Cocktailparties.

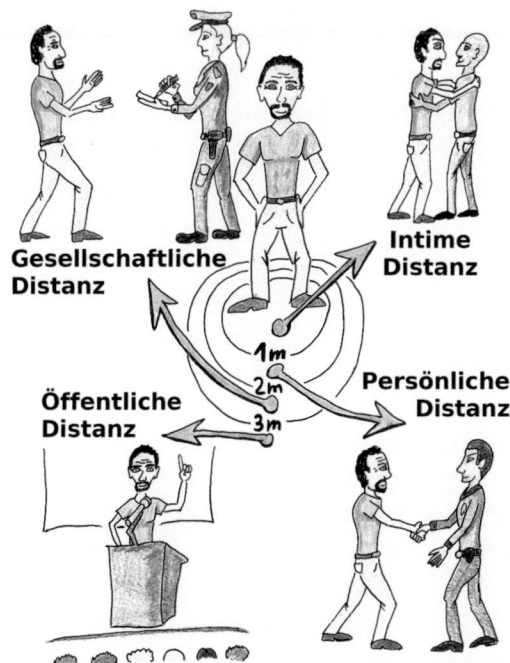

Die **gesellschaftliche Distanz**, zwischen <u>1,5 und 3 m,</u> gilt vor allem für offizielle gesellschaftliche oder geschäftliche Anlässe. Sie ist in gewisser Weise eine schützende Distanz und wird auch oft bei Streitigkeiten eingehalten. Bei dieser Entfernung ist dauernder Blickkontakt erwünscht.

In der **öffentlichen Distanz** (Seminar- oder Ansprachdistanz) von <u>3 bis 8 m</u> befindet sich beispielsweise der Lehrer, der eine Schulklasse unterrichtet, der Vorgesetzte, der eine Ansprache an seine Mitarbeiter hält oder mit einer überschaubaren Gruppe im Betrieb spricht. Es ist die notwendige Distanz bei Vorträgen, weil der Redner bei dem Abstand den gesamten Zuhörerkreis im Blickfeld behalten kann.

Sie kennen vielleicht das Zitat: „Das ist mein Tanzbereich; das ist dein Tanzbereich." aus dem Film „Dirty Dancing" von 1987. Die meisten Menschen fühlen sich unwohl, wenn fremde Personen ihnen körperlich zu nah kommen. Ab wann eine gewisse Nähe als Distanzunterschreitung empfunden wird, ist von zahlreichen Faktoren abhängig: Eigene Erfahrungen, soziokulturelle Faktoren, Beziehung zum Gegenüber, Tagesform, Ort des Geschehens usw.

Im pflegerischen Bereich gibt es oft klare Vorgaben, was beispielsweise die Räume betrifft, die von Patienten oder nur von Personal betreten werden dürfen. So sind beispielsweise die Dienstzimmer für die Patienten meist „Sperrzone". Ein Eindringen in diesen „Privatbereich" wird vom Pflegepersonal meist mit Verweisen oder „klaren Ansagen" (sehr beliebte Formulierung, insbesondere in der Psychiatrie) sanktioniert. Wie sieht es mit den Distanzunterschreitungen durch das Pflegepersonal aus? In wie weit wird die Privatsphäre und die Intimdistanz der Patienten gewahrt? Menschen anzufassen gehört zum normalen Tagesgeschäft vieler Pflegender. Ob bei Körperpflegemaßnahmen, Injektionen, Verbandwechseln, Mobilisationen, Prophylaxen oder bei Zwangsmaßnahmen in der Psychiatrie: Die Unterschreitung von Distanzen ist bei vielen pflegerischen Tätigkeiten unvermeidlich. Nicht immer ist dies für die Patienten genau so selbstverständlich wie für das Pflegepersonal. In einer Umfrage unter Pflegenden in psychiatrischen Einrichtungen wurde das Eindringen in die Intimsphäre der Patienten als eine der häufigsten Ursachen von Gewalt benannt. Dies beginnt beim Betreten der Patientenzimmer ohne zuvor anzuklopfen, geht über ungefragtes Anfassen bis hin zum unangekündigten Entblößen von Patienten, etwa bei der Körperpflege.

Einige grundlegende Verhaltensrichtlinien kann man zusammenzufassen:
- Anklopfen vor dem Betreten eines Patientenzimmers
- Einholen von Einverständnissen: „Ist es für Sie in Ordnung, wenn ich Sie anfasse?"
- Ankündigen von Pflegemaßnahmen: „Ich werde nun den Verband aufschneiden."
- Annäherung an den Patienten, so dass er sehen kann, wer sich von wo nähert.
- Vermeiden von „von-oben-herab-sprechen", insbesondere bei liegenden Patienten. Lieber auf „auf Augenhöhe" kommunizieren.

Grundsätzlich sollte man sich als Pflegekraft die Frage stellen: „Wie würde ich mir den Umgang mit mir wünschen, wenn ich Patient wäre?"

„Ich habe in meiner Jugend auch viele Horrorfilme gesehen, aber trotzdem ist die Zahl der Personen, denen ich mit einer Axt den Schädel gespalten habe, überschaubar." Günther Jauch

Sie selbst haben alle Fähigkeiten, um in jeder Situation deeskalierend zu wirken. Doch nutzen Sie diese Fähigkeiten auch komplett oder können Sie einige Sachen in dieser Hinsicht an sich „verbessern"?

1.2.1   Wahr-nehmung

„Einer der häufigsten Fehler der Menschen liegt darin, dass sie glauben, dass unsere begrenzte Wahrnehmungsfähigkeit auch die Grenze dessen ist, was wir erfahren können." C. W. Leadbeater

Sie haben fünf **Wahrnehmungsorgane** (Augen, Ohren, Haut, Nase, Zunge) und können über diese Informationen aufnehmen. Sie nehmen um sich herum „wahr", was für Ihre Sinne wahr ist. Dies kann aber auch eine „unwahre" Fatamorgana oder eine Halluzination sein.

Die Schärfung der **Wahrnehmung** kann jedenfalls zur Deeskalation beitragen. Sie sollten lernen, frühzeitig Warnsignale von anderen und von sich selbst zu erkennen, die auf eine mögliche Eskalation hinweisen. Die eigenen Gefühle können genauso wie die Körpersprache des Gegenübers ein Warnsignal sein.

Je früher Sie eine Eskalation wahrnehmen, desto einfacher ist die Deeskalation.

Die **Augen** (visueller Sinneskanal) gelten als „Fenster der Seele" und sind in unserer Gesellschaft oft das bevorzugte Sinnesorgan. Deshalb gehen wir auf die Augen auch ein wenig intensiver ein. Blicke sind „Berührungen auf Distanz" und es lässt sich so alles Mögliche mit den Augen ausdrücken: Einen vernichtenden Blick zuwerfen / einen vielsagenden Blick zuwerfen / mit Blicken töten /

jemanden freundlich anblicken / jemandem zuzwinkern / einen mit Argusaugen beobachten / ein Auge auf jemanden werfen / jemanden nicht aus den Augen lassen / jemanden mit den Blicken verfolgen / mit einem lachenden und einem weinenden Auge / große Augen machen / jemanden aus den Augen verlieren / jemandem schöne Augen machen / jemanden mit Blicken fixieren / Liebe auf den ersten Blick empfinden / jemanden mit Blicken verzaubern / der Blick spricht Bände / etwas mit einem Blick erfassen / jemanden mit Blicken verschlingen / heimliche Blicke tauschen oder wechseln (siehe Kapitel „Visuell")

Unsere **Ohren** nehmen Geräusche wahr (auditiv). Lautstärke kann Aggression und leise Töne Unsicherheit ausdrücken. Eine dunkle feste Stimme wirkt vertrauenerweckend und ehrlich (siehe Kapitel „Verbal").

Vieles unserer Umwelt nehmen wir durch **Fühlen** (kinästhetisch) und Bewegen wahr. Einen anderen Menschen zu berühren kann Nähe, aber auch Machtgefälle zeigen. Ein Chef kann in der Öffentlichkeit meist ohne Schwierigkeiten seinen Azubi auf die Schulter oder den Rücken klopfen. Umgekehrt wäre es eher ein befremdliches Bild (siehe Kapitel „Taktil").

Die beiden Sinne **Riechen** (olfaktorisch) und **Schmecken** (gustatorisch) werden oft zusammengefasst, da Schmecken zu 80% durch die Nase und ihren Geruchsinn wahrgenommen wird. Deshalb sollen sich Kinder beim Schlucken bitterer Medizin auch die Nase zuhalten. Viele Gerüche werden unbewusst wahrgenommen, sind aber für das ganzheitliche Erleben wichtig. Daher auch bestimmte Redensarten wie „das stinkt mir", „den andern gut riechen können" oder „mir schmeckt das nicht". Interessant ist, dass wir, um von vielen anderen gerne gerochen zu werden, lieber unseren Eigengeruch mit Deo neutralisieren und durch das Analsekret eines Ochsen (Moschus) ersetzen.

1.2.2 Filter und Bedürfnisse

... Wahrheit tut weh!

Im Alltag machen wir uns schnell ein **Bild von anderen Menschen**, wobei dieses nur teilweise das Ergebnis sorgfältiger Beobachtung und Auswertung dessen ist, was wir in Erfahrung bringen können. Vielmehr entwickeln wir auf der Grundlage von eigenen Erfahrungen spontan ganz bestimmte Eindrücke und Urteile. Wir verallgemeinern das Beobachtbare, ordnen das Wahrgenommene in gespeicherte Schemata, Raster und Schubladen ein, ergänzen das Wahrgenommene durch Annahmen und Denkgewohnheiten (siehe Kapitel „SOR- oder ABC-Modell").

Jeder Mensch bekommt über seine **Sinnesorgane** ca. zwei bis elf Millionen Informationen pro Sekunde geliefert, kann bewusst aber nur fünf bis 35 Informationen verarbeiten. Dieser Filterungsprozess wird durch die jeweiligen Werte, Überzeugungen, Erinnerungen, Erfahrungen und Hintergründe beeinflusst. Aufgrund dieser verarbeiteten Informationen zeichnet sich jeder Mensch seine eigene Landkarte von der Welt, welche aber nicht die Wirklichkeit (Gebiet), sondern nur einen Ausschnitt (eigene Landkarte) zeigt. Diese Landkarten können sehr unterschiedlich sein. Gehen Sie einfach mal mit einem Polizeibeamten, einem Rechtsextremisten und einem Modedesigner für einen Einkaufsbummel in die Stadt. Lassen Sie sich danach schildern, worauf jeder Einzelne geachtet und was sie wahrgenommen haben. Wir gehen davon aus, dass Sie drei völlig unterschiedliche Geschichten und Erfahrungen hören.

Jeder Mensch hat seine **Vor-erfahrungen** und auch seine **Vor-urteile**. Innerhalb der ersten zehn Sekunden schieben wir den neu Kennengelernten in eine Schublade. Auch wenn Sie sehr reflektiert oder fast erleuchtet sind, werden Sie dies tun. Das ist nicht verwerflich. Wichtig ist nur, dies zu wissen und diesen Menschen auch leicht in andere Schubladen gelangen zu lassen.

Der amerikanische Forscher Abraham Maslow (1908 - 1970) hat die menschlichen Bedürfnisse zusammengefasst und nach ihrer Bedeutung gegliedert:
1. Grundbedürfnisse: Hunger, Durst, Sexualität, Schlaf, Selbsterhaltung
2. Sicherheit: Schutz, Geborgenheit, Stabilität
3. Soziale Zugehörigkeit: Gemeinschaft, Kommunikation, Liebe
4. Anerkennung: Achtung, Wertschätzung, Lob, Status
5. Selbstentfaltung: Kunst, Eigenverantwortung, Selbstverwirklichung

Die Bedürfnispyramide nach Maslow

Zuerst strebt der Mensch nach der Befriedigung der grundlegenden Bedürfnisse, also Hunger, Durst usw. Wenn diese befriedigt sind, widmet er sich der nächsten Stufe. Wenn diese befriedigt ist, widmet er sich wieder der nächsten usw., usw.

Wenn also ein Mensch Hunger hat, denkt er nicht über seine Selbstverwirklichung nach. Je mehr Sie beim Gegenüber an das Fundament der Pyramide gelangen, desto heftiger können seine Reaktionen sein.

1.2.3 Die Mimik

Primaten haben so wenige Haare im Gesicht, weil sie viel über die Mimik kommunizieren.

Der US-Psychologe Paul Ekman (*1934) erforscht die menschliche Mimik und schrieb einige Bücher, u.a. „Gefühle lesen". Er entwickelte eine Methode, mit der man Mikroausdrücke besser lesen kann (Facial Action Coding System). Paul Ekman ist auch wissenschaftlicher Berater der US-TV-Serie „Lie to me" und gilt als Vorbild für den Hauptcharakter Dr. Cal Lightman.

43 Muskeln im Gesicht sorgen für über 10.000 verschiedene Gesichtsausdrücke. Die sieben Basisemotionen (Freude, Ekel, Überraschung, Trauer, Furcht, Verachtung, Wut) werden von allen Menschen auf der Welt im Gesicht gleich dargestellt. Die sogenannten Mikroausdrücke, welche kürzer als eine Sekunde auf dem Gesicht zu lesen sind, können nicht unterdrückt werden. Es ist sinnvoll diese lesen zu können. Einige sind recht offensichtlich, andere sind eher schwieriger zu erkennen.

Die Augen werden als Tor zur Seele bezeichnet. Und tatsächlich kann man nachweisen, dass sich Pupillen bei emotionaler Beteiligung (positiv/negativ) vergrößern. Und es gibt auch andere Hinweise im Gesicht, dass Ihr Gegenüber wütend ist:

- Hervortretende Ader   - Gerümpfte Nase
- Wutfalten im Stirnbereich   - Lippen zusammengepresst
- Augenbrauen unten zusammengezogen - Hervortretendes Kinn
- Schmale Augen   - Angespannte Halsmuskulatur

Ebenso können **Ekel** und **Verachtung** Warnsignale in der Kommunikation sein.

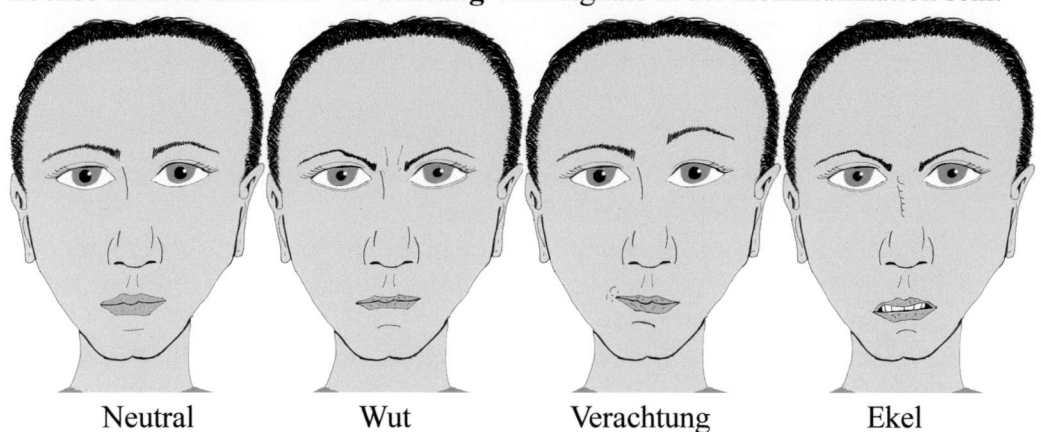

Neutral   Wut   Verachtung   Ekel

1.2.4   Inneres Team

*„ Wenn wir uneins sind, gibt es wenig, was wir tun können. Wenn wir
uns einig sind, gibt es wenig, was wir nicht tun können. "*
John F. Kennedy

Sie kennen es bestimmt, dass Ihre innere Reaktion auf ein Ereignis, eine Entscheidung oder einen Menschen nicht eindeutig ist. Ihre Gefühle sind eher gemischt, undeutlich und schwankend. Sie fühlen sich hin- und hergerissen, Sie „ja-abern" oder sagen ganz klar „Jein". Dies sind die Ansatzpunkte von Goethes „Faust", „Dr. Jekyll und Mr. Hyde", dem unglaublich-grünen „Hulk" und dem Charakter „Gollum" in „Herr der Ringe". Diese verschiedenen Charakteranteile werden in der Literatur oft anders genannt, meinen aber im Grunde dasselbe:

- Seelen
- Teilpersönlichkeiten
- Mitglieder des Innern
- Teile
- Stimmen
- Innere Personen
- Elemente
- Inneres Team

All Ihre „inneren Personen" repräsentieren Gedanken, Gefühle, Bedürfnisse, Werte und bestimmte Handlungsleitlinien. Sind „sie" sich uneinig, ist auch Ihre Kommunikation unklar und widersprüchlich. Ihre Kommunikation ist nicht kongruent (deckungsgleich) und es treten die kommunikativen „Weichmacher" zu Tage: „...ein Stück weit ...", „ich glaube, eigentlich hatten wir vereinbart, dass..." usw. In Ihrem Innern ist ein furchtbares Durcheinander und dies bekommt Ihr Gegenüber mit. Lassen Sie Ihr Inneres zu einem Team werden und nicht zu vielen Einzelspielern. Seien Sie der Coach, der Feldherr, der Regisseur oder der Dirigent.

Mögliche „innere Personen" bei einer Eskalationssituation:

- Rächer – ist wütend und möchte, dass dem Gegenüber die gleichen Schmerzen zugefügt werden (plus Zinsen)
- Vorsichtige – hat Angst und möchte jeden möglichen Konflikt verhindern
- Pflichterfüllende – möchte, dass Sie all Ihrer privaten und beruflichen Verpflichtungen nachkommen
- Gerechte – möchte einen Ausgleich schaffen, welcher für alle Parteien in Ordnung ist

- Verstehende – versteht Ihr Gegenüber und möchte ihm deshalb viele Zugeständnisse machen
- Egoistische – möchte, dass Sie sich wohl fühlen, egal wie es anderen geht

Möglichkeit einer inneren Konfliktbearbeitung

1. Gehen Sie in sich und identifizieren Sie alle Konfliktparteien. Geben Sie Ihnen vorläufige Namen. (Sehr oft tauchen Eltern und Großeltern als moralische Instanz im Innern auf.) Setzen Sie alle Konfliktparteien auf Stühle um sich herum.
2. Betrachten Sie jede Konfliktpartei und versuchen Sie zu erkennen, welche Gefühle und Bedürfnisse dahinter stehen. (Fast) immer erkennen Sie, dass jede Konfliktperson seine Berechtigung hat und Ihr Bestes möchte.
3. Lassen Sie die inneren Konfliktparteien miteinander in Dialog treten. Setzen Sie vielleicht noch Ihre „Innere Person für Kreativität" dazu. Verbieten Sie nicht einer Konfliktpartei ihre Meinung zu sagen. Dies rächt sich oft unterbewusst.
4. Alle Konfliktpersonen haben ein gemeinsames Ziel – Ihr Bestes. Versuchen Sie kreative Lösungsmöglichkeiten zu finden, wenigstens drei.
5. Überlegen Sie, ob diese Lösungsmöglichkeiten durchführbar sind und auch welche Konsequenzen sie hätten. Jede Medaille hat zwei Seiten. Es gibt auch immer etwas Negatives an jeder Lösungsmöglichkeit. Überlegen Sie vorher, ob Sie bereit sind, diesen Preis zu zahlen.

Wenn Sie und „sie" sich einig sind, können Sie und „sie" gestärkt als ein Team klar und deutlich mit dem Gegenüber kommunizieren. Ihre Botschaften sind eindeutig und dies vereinfacht eine Deeskalation.

1.2.5   Konstruktive Konfliktlösung

Ein Jäger und ein Bär treffen sich an einem Lagerfeuer, um einen Kompromiss zu schließen. Der Jäger möchte den Bärenpelz um seinen Körper und der Bär möchte sich satt essen. Nach einigen Diskussionen frisst der Bär den Jäger mit Haut und Haaren und verlässt das Lagerfeuer.

Konflikte gehören zum Leben dazu und machen es bunter und spannender. Trotzdem können Konflikte störend, bedrohlich oder sogar schmerzvoll sein. Sie haben durch Ihre Haltung und durch Ihre Art, wie Sie den Konflikt austragen, gute Möglichkeiten, diesen positiv zu beeinflussen. Die grundsätzliche Bereitschaft, das Bedürfnis des Gegenübers erfahren zu wollen, auch wenn dieser schimpft, Ihnen auf die Nerven geht oder quer schießt, ist die Basis für konstruktive Kommunikation.

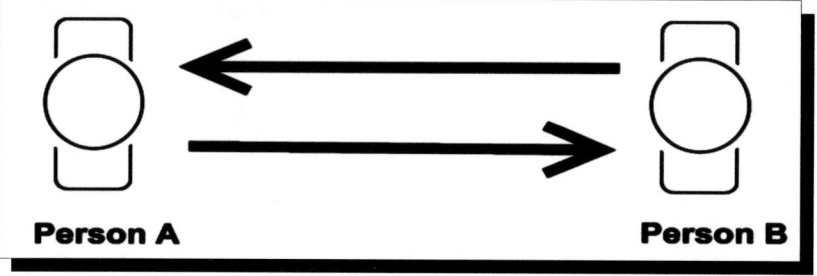

Anstatt sich als Front gegenüber zu stehen oder zu sitzen, sollten Sie gemeinsam auf das Problem (Herausforderung) schauen. Die Steh- oder Sitzposition kann dies positiv oder negativ beeinflussen.

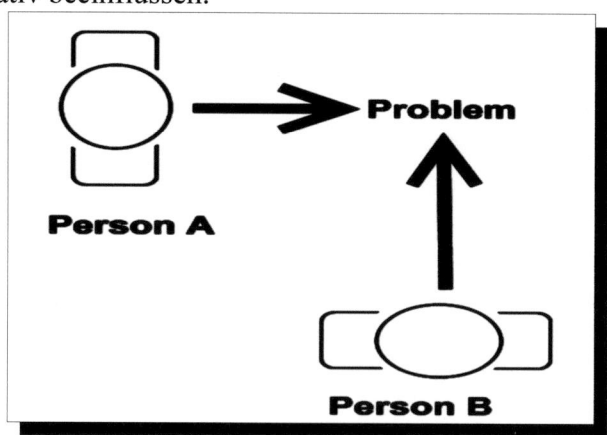

Beispiel:

Die beiden Brüder **A**nton (6 Jahre) und **B**erthold (5 Jahre) treffen sich in der Küche und sehen beide eine Orange auf dem Küchentisch. Beide möchten diese Orange haben (Standpunkt). Jetzt gibt es verschiedene Lösungsmöglichkeiten:

1. Anton ist größer, schneller und stärker. Deshalb nimmt er sich die ganze Orange.
   A 100% - B 0% (durchsetzen auf Kosten der anderen Seite)
2. Anton hat Angst, wieder Ärger mit seinen Eltern zu bekommen, weil er sich mit seinem Bruder streitet. Deshalb überlässt er seinem Bruder die Orange.
   A 0% - B 100% (anpassen, vermeiden, unterordnen)
3. Berthold ist zuerst an der Orange und erkennt, dass er keine Chance gegen seinen Bruder hat. Deshalb wirft er sie auf den Boden und tritt drauf.
   A 0% - B 0% (blockieren, vermeiden, vernichten)
4. Die Mutter kommt herein und sagt wie <u>jede</u> Mutter: „Ihr müsst teilen!"
   A 50% - B 50% (Kompromiss finden)

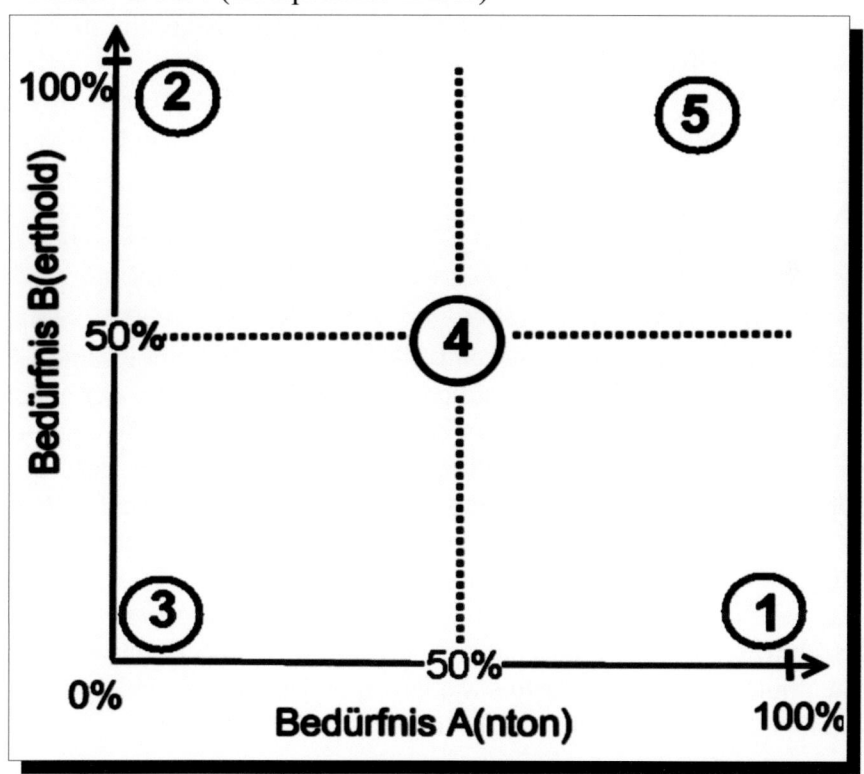

29

Doch gibt es auch Möglichkeiten, bei denen beide Seiten über 50% kommen, also in das Quadrat „Fünf"? Gibt es vielleicht Lösungswege, bei denen beide nahe an 100% kommen? Dazu müssten sich die Brüder zusammensetzen und über ihre Bedürfnisse reden (*ein bisschen viel für einen 5 und einen 6-jährigen*). Der Standpunkt ist bei beiden: „Ich möchte diese Orange!" Doch wenn die Brüder über ihre Bedürfnisse reden, kann es sein, das ganz andere Lösungen als 1. bis 4. herauskommen:

5. Anton möchte nur die Schale der Orange für ein Schulprojekt und Berthold möchte das Fruchtfleisch essen.
    A 100% - B 100%
6. Anton wollte seinen Durst löschen. Gemeinsam finden die beiden noch Saft für Anton. Berthold bekommt die Orange.
    A 100% - B 100%
7. Berthold wollte seinen Hunger auf etwas Süßes stillen. Sie bitten die Mutter um einen Schokoriegel für Berthold und Anton bekommt die Orange.
    A 100% - B 100%
8. Beide möchten etwas Saftiges, weil es so heiß ist. Sie pressen die Orange aus und geben noch Wasser und Zucker dazu. Gemeinsam trinken Sie diesen Saft.
    A 100% - B 100%
9. usw. usw. usw.

Sie kommen nicht immer auf insgesamt 200%, wenn Sie gemeinsame Lösungswege suchen. Es würde ja schon ausreichen, wenn Sie 51% und der andere 99% bekommen würde. Sie stehen auf jeden Fall besser da als mit 50/50. Das schwierige dabei ist, Sie müssen es den anderen auch gönnen können. Unter gewissen Umständen ist es sogar möglich, dass beide Beteiligten jeweils über 100% gewinnen können. Wenn z.B. zusätzlich eine Stärkung des Zusammenhalts durch die Lösung des Konflikts erreicht wird.
Unterscheiden Sie möglichst immer zwischen Ihrem **Standpunkt** (Position) und Ihrem **Bedürfnis**. Ihr Standpunkt hat sich aus Ihrem Bedürfnis entwickelt. Hinterfragen Sie immer, welches Bedürfnis Sie haben und Sie haben viel mehr Lösungsmöglichkeiten, als wenn Sie nur auf Ihrem Standpunkt beharren.

„Es geht immer auch anders." Thomas Mann

Sie haben nun schon eine Menge Informationen erhalten und fragen sich dann:
„Was soll ich mit diesen Informationen und wo nützen sie mir etwas?"
Folgend sind einige Tipps aufgeschrieben, egal ob Sie bei einem Konflikt eingreifen oder selbst betroffen sind.

Es gibt aber kein hundertprozentiges „Richtig" und „Falsch". Alles kann zu einem bestimmten Zeitpunkt richtig oder falsch sein. Das macht Kommunikation und somit Deeskalation so schwierig und auch spannend. Die folgenden Ideen erhöhen aber sehr stark die Wahrscheinlichkeit einer Nicht-Eskalation und führen eher zu einem friedlichen Kompromiss.

1.3.1   Kommunikationsfehler

Schlimmer als schlimm ist oft gut gemeint: Nicht jeder Schmetterling
freut sich über das Zudecken mit einem Stein, damit er nicht erfriert.

Wenn Sie <u>keinen</u> Kompromiss wünschen, sondern eine <u>Eskalation</u>, ist es am wichtigsten, dass Sie Ihr Gegenüber als **Gegner** und **Feind** sehen. Dies ist schon die richtige Einstellung, um die Kommunikation so fehlerhaft zu gestalten, damit es zu einer Eskalation kommt. Hier noch einige andere „Tipps":

*   Widersprechen Sie ihm
*   Kritisieren Sie sein Äußeres, seine Grammatik und seinen Wortschatz
*   Benutzen Sie Fachbegriffe und Fremdwörter, die Ihr Gegenüber nicht kennt (Wenn Sie selbst keine kennen, so erfinden Sie „wichtige" Fachbegriffe)
*   Dringen Sie in seinen Raum ein, berühren Sie ihn
*   Fangen Sie Sätze an mit: „Nie machst du ...", „Immer machst du..."
*   Erzählen Sie unwahre Geschichten über ihn
*   Seien Sie sarkastisch und zynisch ihm gegenüber
*   Lachen Sie ihn aus
*   Unterbrechen Sie ihn

- Beenden Sie Sätze für ihn
- Verbessern Sie ihn
- Missverstehen Sie ihn, auch akustisch
- Lachen Sie an den falschen Stellen
- Machen Sie auf Schönheitsfehler, kleine Mängel und Irrtümer aufmerksam
- Machen Sie Bemerkungen („Natürlich!") und Geräusche („Ts,Ts")
- Sprechen Sie ihn mit falschen Namen an
- Sagen Sie zu Männern „Fräulein" und zu Frauen „Mein Herr"
- Ignorieren Sie ihn, lesen Sie z.B. dabei Hefte oder Bücher
- Seufzen, nörgeln und schreien Sie
- Zeigen Sie übertriebenes Mitleid für seine Situation
- Schneiden Sie missbilligende Grimassen
- Beharren Sie unbedingt auf Ihrem Standpunkt
- Machen Sie permanent bekannt, dass das Recht auf Ihrer Seite ist
- Suchen Sie nur Lösungen, die Ihre Interessen maximal befriedigen
- Stellen Sie den Gegner vor vollendete Tatsachen
- Reden Sie über ihn, als wäre er nicht da
- Fluchen Sie
- Murmeln Sie oder sprechen Sie so leise, dass er Sie nicht versteht
- Suchen Sie sich Verbündete, die Ihnen bedingungslos folgen
- Schauen Sie auf ihn herab
- Wenden Sie Zwang an
- Drohen Sie ihm Gewalt an
- Geben Sie viele Rat-*schläge*, egal ob sinnvoll oder nicht
- Erklären Sie dem Gegenüber die Welt und belehren Sie ihn dabei
- Bewerten und kritisieren Sie alles, was dieser sagt oder tut
- Akzeptieren Sie auf keinen Fall Vermittlungsversuche Dritter
- Ziehen Sie Erkundigungen über das Privatleben Ihres Gegners ein und nutzen Sie diese gegen ihn
- Verbreiten Sie Gerüchte (z.B. geplatzte Schecks oder sexuelle Eskapaden)
- Beleidigen Sie ihn, seinen Lieblingsverein, seine Herkunft und seine Familie

Gemeinsam mit dem Gegner unter zu gehen ist allemal besser, als Zugeständnisse zu machen, schließlich geht es ja um den Sieg der Wahrheit.

1.3.2 Deeskalierende Kommunikation

„Lass dir aus dem Wasser helfen oder du wirst ertrinken", sagte der freundliche Affe und setzte den Fisch sicher auf den Baum.

Um deeskalierend zu sein, sind für die sprachliche Kommunikation einige „Faustregeln" hilfreich:

- Tun Sie das Gegenteil von der Aufzählung im Kapitel „Kommunikationsfehler".
- Sehen Sie Ihr Gegenüber als freundlichen Menschen, der eine andere Meinung hat und nicht als Ihren Feind.
- Senden Sie Sachbotschaften: sachlich rückmelden, auch wenn der Sender Botschaften als Angriffe formuliert.
- Senden Sie Ich-Botschaften auf der Selbstoffenbarungsebene („Ich fühle mich durch Ihre Körperhaltung bedroht", anstatt „man erkennt doch sofort, dass Sie aggressiv sind".)
- Formulieren Sie Appelle klar und deutlich, um eine klare und ehrliche Beziehung zu Ihrem Gegenüber aufzubauen.
- Nehmen Sie den Gesprächspartner ernst; wiederholen Sie seine Äußerungen und nehmen Sie eine ähnliche Körperhaltung des Gegenübers ein (spiegeln). So erkennt dieser, dass Sie seinen Ausführungen folgen.
- Reden Sie in einer Sprache, die Ihr Gegenüber versteht. Benutzen Sie keine Fachbegriffe oder Redewendungen, die der andere vielleicht nicht erfassen kann.
- Hören Sie auf die Bedürfnisse des Gegenübers und seien Sie offen für neue Ideen.
- Versuchen Sie sich in die Lage Ihres Gegenübers zu begeben, um ihn besser zu verstehen.
- Lassen Sie andere Meinungen bestehen, auch wenn Sie diese nicht nachvollziehen können. Wenn Ihr Gegenüber eine andere „Landkarte" (siehe Kapitel „Filter") von der Welt hat, muss er trotzdem nicht Ihr Feind sein.
- Lesen Sie nicht die Gedanken des anderen und sagen sich dann: „Darauf geht der andere sowieso nicht ein!"
- Begründen Sie Ihre Behauptungen und kennen Sie im besten Fall die Quelle. Sagen Sie nicht: „Wie jeder weiß...", „Man sagt ja, dass ..." oder Ähnliches.

- Hinterfragen Sie Informationen und sehen Sie nicht jede Information von anderen über Ihr Gegenüber als wahr an.
- Wenn Sie immer offen, fair und ehrlich sind, müssen Sie sich nicht all Ihre Lügen merken. Sie sind kongruent und wirken echt (authentisch). Damit kommt man unserer Meinung nach besser durch das Leben. *(Es sei denn, Sie möchten Karriere in der Politik, bei Banken, bei Versicherungsunternehmen oder beim Fernsehen machen.)*
- Achten Sie darauf, was Ihre Bedürfnisse sind und seien Sie kein „Prinzipienreiter" oder „Korinthenkacker". Lassen Sie Behauptungen auch mal stehen, von denen Sie wissen, dass Sie falsch sind. Sie müssen nicht jeden belehren.
- Geben Sie auch Fehler zu, wenn Sie welche machen. Gerade wenn Sie mit Kindern und Jugendlichen zu tun haben, ist dies eine wichtige Lektion, wenn ihr erwachsenes Vor-bild so etwas kann.
- Spielen Sie Argumente Ihres Gegenübers nicht herunter oder missverstehen Sie ihn nicht absichtlich, sondern gehen Sie auf die Argumente ein.
- Seien Sie immer fair zu Ihrem Gegenüber und machen Sie sich nicht über ihn lustig, egal ob er es bewusst merkt oder nicht. Vorsicht: Einige Menschen verstehen keine Ironie und werden dann wütend.
- Übernehmen Sie Verantwortung und fragen Sie sich immer nach einer Eskalation: „Was tue ich in Zukunft anders und idealerweise besser, wenn diese Situation noch einmal kommt?" Geben Sie nicht nur der Umwelt oder Ihrem Gegenüber die Schuld. Ersticken Sie aber auch nicht an Selbstvorwürfen.

Stellen Sie Ihrem Gegenüber **offene Fragen** (Fragen, auf die man nicht nur mit „Ja" oder „Nein" antworten kann). Ehrliches Nachfragen ist eine der besten Methoden zur Deeskalation, denn:
- Sie treten in Beziehung mit dem Gegenüber.
- Sie zeigen Interesse am Gegenüber.
- Ihr Gegenüber wird zum Nachdenken animiert.
- Ihr Gegenüber bekommt die Gelegenheit, seine Bedürfnisse zu erklären.
- Durch Fragen lenken Sie das Gespräch (Wer fragt, der führt).
- Sie bekommen mehr Informationen, um an einer Lösung zu arbeiten.
- Solange Ihr Gegenüber spricht, wird er Sie mit hoher Wahrscheinlichkeit nicht schlagen.

1.3.3 Aktives Zuhören

Mitten in der Wüste treffen sich ein Cowboy und ein Indianer. Der Indianer hebt beide Hände hoch, anschließend zeigt er mit einem Finger auf den Cowboy, der hält ihm zwei Finger zu einem V gespreizt entgegen. Daraufhin bildet der Indianer mit seinen Händen ein Dreieck, und der Weiße macht eine schlängelnde Bewegung mit seiner Hand.
Am Abend trifft der Cowboy seine Freunde im Saloon und erzählt ihnen: „Ich habe heute eine brenzlige Situation in der Wüste gehabt, die hätte übel ausgehen können. Ein Indianer ist auf mich zugekommen und hat mir gedeutet: Halt, ich erschieße dich. Da hab ich mich natürlich nicht einschüchtern lassen und hab ihm geantwortet: Wenn du schießt, dann schieße ich zweimal zurück. Das hat gefruchtet, denn der Indianer hat gleich gekniffen und gezeigt: Na gut, dann geh ich zurück in mein Zelt. Ja, ja, hab ich nur gedeutet: Schleich dich, aber schnell."
Als der Indianer zu Hause in seinem Wigwam ankommt, erzählt er seinen Freunden: „Also, die Weißen werden auch immer komischer. Ich habe so einen Cowboy in der Wüste getroffen und habe ihn gefragt: Wie heißt du? Darauf hat er geantwortet: Ziege. Ich hab noch mal nachgefragt: Bergziege? Und er hat gemeint: Nein, Flussziege."

Eine gute Möglichkeit, die Bedürfnisse des Gegenübers zu erkennen, angemessen auf seine jeweiligen Botschaften zu reagieren und dadurch deeskalierend zu wirken, stellt das aktive Zuhören dar, welches erstmalig von dem amerikanischen Psychologen Carl Rogers (1902 – 1987) im Zusammenhang mit der Gesprächspsychotherapie beschrieben wurde.

Aktives Zuhören bedeutet aktive Hinwendung zum Gesprächspartner und dadurch die Signalisierung von Interesse und Verständnis. Auf diese Weise wird dem Gegenüber erleichtert, sich mitzuteilen und Missverständnisse können weitgehend ausgeschlossen werden.

In Momenten einer drohenden Eskalation kann das aktive Zuhören darüber hinaus genutzt werden, um Zeit zu gewinnen und den potentiellen Angreifer dazu zu bringen, von seiner eigentlichen Absicht, dem Angriff, abzulassen.

Carl Rogers nennt drei Grundsätze der Kommunikation:

1. **Empathie**
   Empathie bedeutet Einfühlungsvermögen. Indem ich mich in mein Gegenüber hineinversetze, fällt es mir leichter, seine Bedürfnisse zu erkennen und seine Gefühlsäußerungen zu verstehen.

2. **Authentizität/Kongruenz**
   Hiermit ist „Echtheit" gemeint. Es ist völlig nutzlos, ja sogar schädlich, sich in einer Deeskalationssituation zu verstellen, etwa Entschlossenheit und Mut vorzutäuschen, wenn Angst das wirklich dominierende Gefühl ist.

3. **Akzeptanz/Wertschätzung**
   Auch wenn ich mit dem Verhalten meines Gegenübers nicht einverstanden bin, so akzeptiere ich ihn dennoch als Mensch und spreche ihm nicht seine „Vollwertigkeit" ab.

Neben diesen drei Grundregeln liegt aktives Zuhören dann vor, wenn folgende Regeln beachtet werden:

- Lassen Sie den Partner ausreden.
- Ertragen Sie Gesprächspausen.
- Ermutigen Sie zum Weitersprechen.
- Fragen Sie nach (aber nicht ausfragen!).
- Melden Sie zurück, wie etwas verstanden wurde (decodieren).
- Wiederholen Sie wichtige Inhalte und fassen diese zusammen (paraphrasieren).
- Melden Sie Gefühle zurück (und auch auf eigene Gefühle achten).
- Motivieren Sie den Partner zu eigenen Problemlösungen (nicht belehren!).
- Zeigen Sie deutlich, dass Sie interessiert sind (Lehnen Sie sich nach vorn, halten Sie Blickkontakt, nicken Sie usw.).
- Legen Sie lästige Gewohnheiten ab (die Unterlippe beißen, Bleistift kauen, auf den Tisch klopfen, ständig auf die Uhr schauen, Finger schnippen).
- Achten Sie weniger auf Einzelheiten, sondern auf die Idee dahinter.

Bei Verinnerlichung und Anwendung des aktiven Zuhörens kann dieses als wirksames Mittel zur Deeskalation genutzt werden. Der Gesprächspartner fühlt sich wertschätzend behandelt. Er sieht sich keinem Gegner gegenüber, sondern einem Menschen, der ihm zuhört und seine Gefühle und Bedürfnisse ernst nimmt.

1.3.4   Gewaltfreie Kommunikation

„Wer den Feind umarmt, macht ihn bewegungsunfähig."
Nepalesisches Sprichwort

Dr. Marshall B. Rosenberg (1934-2015) gilt als Entwickler der **„Gewaltfreien Kommunikation (GFK)".** Beeinflusst ist seine Arbeit u.a. von den Erkenntnissen seines Lehrers Carl Rogers (Klientenzentrierte Gesprächstherapie) und Überlegungen Gandhis zur Gewaltfreiheit. Er nennt vor allem drei Elemente der Verständigung, die kurz- oder langfristig zur Gewalt führen:

- Das Urteilen oder Verurteilen von Leuten, die sich nicht in Übereinstimmung mit unseren Werten verhalten, ebenso das Zuschreiben von Eigenschaften, wie die Menschen angeblich sind
- Das Leugnen der Verantwortung für eigene Gefühle und Handlungen
- Das Stellen von Forderungen

Das Grundgerüst in der GFK ist das vier Schritte-Modell. Es dient als Leitfaden, um die wichtigsten Elemente einer förderlichen Verständigung zu lernen, ohne jede Art der sprachlichen Manipulation, Bewertung oder Vorwurf, bei der die Gefühle und Bedürfnisse gehört und ausgedrückt werden dürfen.

1. Schritt: Teilen Sie zunächst Ihre Beobachtungen mit, ohne Auslegungen, Verallgemeinerungen oder Bewertungen.
2. Schritt: Legen Sie Ihre Gefühle ohne Vorwürfe offen da (nicht Ihre Gedanken).
3. Schritt: Erläutern Sie Ihr Bedürfnis.
4. Schritt: Sprechen Sie eine Bitte möglichst konkret und jetzt durchführbar aus, aber nicht eine Forderung mit möglichen negativen Konsequenzen.

Als Grundvoraussetzung einer deeskalierenden Kommunikation sieht Rosenberg eine empathische Grundhaltung, welche durch folgende Grundsätze bestimmt ist:

- Menschen sind soziale Wesen und in vielerlei Hinsicht voneinander abhängig.
- Alle Menschen möchten ihre Bedürfnisse befriedigen.
- Menschen leben in guten Beziehungen, wenn diese Bedürfnisse durch Zusammenarbeit statt durch aggressives Verhalten erfüllt werden.

- Jeder Mensch hat bemerkenswerte Fähigkeiten, die erfahrbar werden, wenn man empathisch mit ihm in Kontakt tritt.
- Hinter jedem aggressiven Verhalten steckt ein Bedürfnis.
- Jedes Bedürfnis dient dem Leben – es gibt keine „negativen" Bedürfnisse.

Unterscheidung von Wolfs- und Giraffensprache

Die Wolfs- und Giraffensprache sind von Rosenberg verwendete Symbole. Die Wolfssprache steht für die eskalierende Kommunikation und die Giraffensprache für die deeskalierende. Dabei gibt es in der Realität immer Überschneidungen, aber auch Tendenzen oder Entwicklungen in eine der beiden Richtungen.

Wolfssprache	Giraffensprache
Wölfe richten ihre Aufmerksamkeit eher auf Kategorien wie gut/ schlecht, richtig/ falsch oder was allgemein als Verhalten akzeptiert ist	Giraffen richten ihre Aufmerksamkeit auf die eigenen und fremden Bedürfnisse und versuchen eine gemeinsame Lösung zu finden
Benutzen eine Sprache, die klassifiziert, bewertet und diagnostiziert	Benutzen eine Sprache, die ausdrückt, was im Herzen vorgeht
Benutzen häufig Verallgemeinerungen wie „Immer, nie, alle"	Führen spezifische Situationen als Beispiele an, konkret
Benutzen viele moralische Urteile, was am anderen falsch ist (Du-Botschaften)	Sprechen in Werturteilen, was ihnen wichtig ist (Ich-Botschaften)
Halten ihre Urteile für allgemeinverbindlich, objektiv und unumstößlich	Erkennen die Subjektivität der eigenen Urteile/ Wahrnehmungen
Richten ihre Aufmerksamkeit vorwiegend auf Fehler	Richten ihre Aufmerksamkeit vorwiegend auf das, was gut ist
Halten ihre Urteile und Diagnose für Beschreibungen von Gefühlen	Trennen die Beschreibung des Verhaltens von ihren Gefühlen
Hören selektiv zu	Hören empathisch zu

Wölfe benutzen ihre Gefühle, um andere Menschen durch Schuldgefühle zu manipulieren	Giraffen offenbaren Gefühle, um anderen Menschen Gelegenheit zu geben, sie zu verstehen
Wölfe verstecken ihre Gefühle und Bedürfnisse hinter Rechtfertigungen	Giraffen legen Gefühle und Bedürfnisse offen dar und teilen diese mit
Wölfe kennen zwei Worte, um Gefühle zu beschreiben: „gut" / „schlecht"	Giraffen haben einen reichen Wortschatz, um auszudrücken, wie sie sich fühlen
Wölfe glauben, dass sie für die Gefühle der anderen verantwortlich sind	Giraffen glauben, dass jeder für seine Gefühle selbst verantwortlich ist
Übernehmen keine Verantwortung für das eigene Handeln	Übernehmen die Verantwortung für das eigene Handeln
Sagen meist, was sie nicht wollen	Sagen, was sie wollen
Sagen BITTE auf eine Art, die meist verhindert, dass ihre Bedürfnisse erfüllt werden	Sagen BITTE auf eine Art, die es erleichtert, dass ihre Bedürfnisse erfüllt werden
Hören die Bitten von anderen als Forderungen, Zwang und Verpflichtung	Hören auch Forderungen als Bitten
Denken, dass Verständnis für andere Menschen bedeutet, die eigenen Bedürfnisse aufzugeben	Haben mitfühlendes Verständnis für die Bedürfnisse anderer Menschen
Hören in allem, was gesagt wird, Urteile, Ablehnung und Kritik	Hören die Gefühle, Bedürfnisse und Bitten anderer Menschen
Stellen W-Fragen. Wollen einen Sachverhalt verstehen oder selbst das Gespräch beeinflussen	Reden wenig, hören zu, stellen Fragen, um besser die Gefühle/ Bedürfnisse zu verstehen
Wölfe sehen nur Wölfe	Giraffen sehen nur Giraffen

Wichtig bei der GFK sind die Unterscheidungen zwischen:

- **Beobachtung & Wertung**
  Versuchen Sie klare und objektive Beobachtungen mitzuteilen. Werten Sie dabei nicht. (Wörter wie „dreckig", „unordentlich", „dumm" usw. sind bereits Wertungen.)
- **Bitte & Forderung**
  Wenn möglich stellen Sie eine Bitte und keine Forderung. Eine Forderung hat negative Konsequenzen, wenn sie nicht erfüllt wird.

1.3.5   Statuswippe

„Diskutiere nie mit Idioten! Erst ziehen sie dich auf ihr Niveau, dann schlagen sie dich mit ihrer Erfahrung." Deutsche Lebensweisheit

oder

„Streite dich nie mit einem Dummkopf; es könnte sein, dass die Zuschauer den Unterschied nicht bemerken." Mark Twain

Das Wort Status stammt aus dem Lateinischen und bedeutet „Zustand", aber auch „Stand", „Stellung" oder „gesellschaftlicher Rang". Im allgemeinen Sprachgebrauch ist oft der „soziale Status" gemeint, d.h. die Stellung eines Menschen innerhalb einer Gruppe. In der zwischenmenschlichen Kommunikation bedienen wir uns unterschiedlicher Kommunikationskanäle, welche jeweils einen anderen Status ausdrücken.

In der Theaterpädagogik spricht man deswegen von einer Statuswippe, da Kommunikation zwischen Menschen oft ein „Auf und Ab" bedeutet, also „ich gehe hoch – also musst du runtergehen". Der Status, den ein Mensch gerade einnimmt, lässt sich anhand mehrerer Faktoren bestimmen: Wortwahl, Tonhöhe, Lautstärke, Gestik, Mimik, Körpersprache...
Man unterscheidet zwischen:

1. **Hochstatus**
2. **Tiefstatus**
3. **Gleichstatus**

1. Hochstatus

Menschen im Hochstatus stellen sich über ihren Gesprächspartner. Dies ist nicht nur im übertragenen Sinne zu verstehen.

Die Körpersprache strahlt Überlegenheit aus. Ausladende Gesten, eine aufrechte Körperhaltung und ein Blick „von oben herab" sind typisch für Menschen im Hochstatus. Unterstrichen wird dieser Status durch eine große Lautstärke und eine entschlossene Mimik. Ein Kommandos brüllender Offizier vor einer Gruppe Rekruten ist ein Musterbeispiel für einen Menschen im Hochstatus: „Alles hört auf mein Kommando!" Auch ein Dirigent vor einem Orchester lässt sehr schön die Merkmale des Hochstatus erkennen.

Gerade anhand dieser Beispiele zeigt sich, dass der Hochstatus in manchen Bereichen nicht nur zufällig, sondern bewusst gewählt wird, um der Wichtigkeit und der Ernsthaftigkeit der eigenen Belange Geltung zu verleihen.

Auch ein Polizist während einer Personenkontrolle wird vermutlich den Hochstatus wählen, um dem Bürger gegenüber zu treten. „Bitte, bitte, es tut mir wirklich Leid, aber würden Sie mir freundlicherweise ihren Führerschein zeigen?" klänge vermutlich auch wirklich albern, wenn nicht gar provokant, da kaum jemand einem Polizeibeamten einen solch deutlichen Tiefstatus abkaufen würde. Als Vorgesetzter oder Leiter einer Gruppe ist es teilweise sinnvoll, einen Hochstatus einzunehmen, wenn man ernst genommen und respektiert werden will.

2. Tiefstatus

ist das Gegenteil des Hochstatus. Der Mensch, welcher sich im Tiefstatus befindet, drückt Unterwürfigkeit aus. Er teilt seinem Kommunikationspartner nicht-sprachlich mit: „Ich bin klein und schwach, du bist groß und stark."

Auch der Tiefstatus zeichnet sich durch sämtliche Komponenten der nicht-sprachlichen Kommunikation aus: Die Sprache ist leise und unsicher, die Gestik spielt sich eher nahe der Nasenspitze ab, der Blick ist gesenkt, die Mimik eher schüchtern und ängstlich („scheues Reh"), die Körperhaltung eher gebückt. Es ist allerdings grundlegend falsch, Menschen, die sich häufig im Tiefstatus befinden, grundsätzlich als Verlierer oder schwache Menschen abzutun. Das Gegenteil kann der Fall sein.

Wenn die kleine, dreijährige Tochter sich mit „Rehblick" auf Papas oder Mamas Schoß kuschelt und mit piepsiger Stimme samt traurigem Gesichtsausdruck sagt „Papaaaaaaa (oder eben Mamaaaaaa), darf ich Schokolade haben? Ich hab dich sooo lieb...", befindet sich das Kind ganz klar im Tiefstatus. Aber man wird die Schokolade vermutlich eher rausrücken, als wenn sich das Kind in den Hochstatus begäbe und mit bestimmter Stimme „Papa! Schokolade!" fordern würde.

Ein anderes gutes Beispiel dafür, wie erfolgreich der Tiefstatus angewandt werden kann, ist das von der Bürokollegin, welche stets im besten Tiefstatus davon berichtete, wie schwer sie es doch habe und wie sehr sie die vielen zu bearbeitenden Fälle überforderten. Vielen Kollegen und Kolleginnen tat die „arme Frau" so Leid, dass sie ihr aus lauter Mit*leid* einen großen Teil ihrer Arbeit abnahmen. Die „arme Tiefstatuslerin" hatte letztendlich weit weniger Arbeit als alle anderen Kollegen, was ihrem Tiefstatus jedoch keinen Abbruch tat. Auch gegenüber Vorgesetzten ist es oft sinnvoll, eher in den Tief- als in den Hochstatus zu gehen. Die wenigsten Chefs akzeptieren es, wenn ein Untergebener ohne Anklopfen ins Chefbüro platzt.

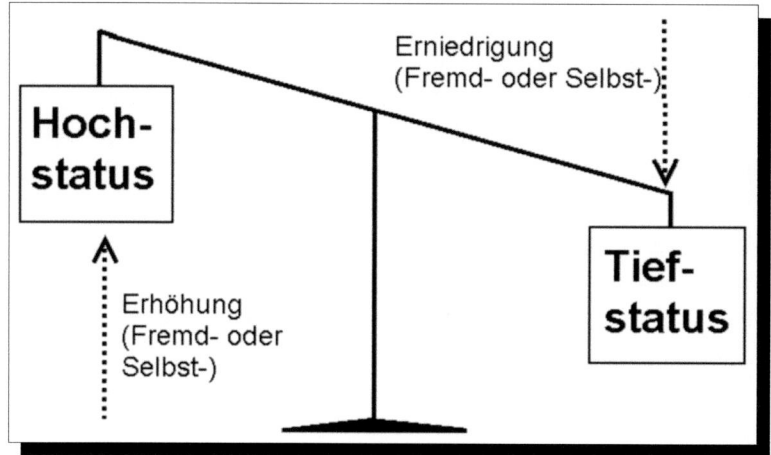

3. Gleichstatus

Im Gleichstatus befindet man sich „auf Augenhöhe". Beide Gesprächspartner sind gleichberechtigt. Keiner befindet sich im Hoch- oder im Tiefstatus.

Diese Konstellation findet sich außerordentlich selten. Selbst (*oder gerade?*) unter (Ehe-) Partnern wird sich meist einer im Hoch- und einer im Tiefstatus befinden. Zumal sich die verschiedenen Status (Plural lautet ebenfalls Status) ja auch bewusst einsetzen lassen.

Es gibt keine Patentlösung, wann der Hoch- und wann der Tiefstatus sinnvoll ist. Fakt ist aber, dass wir uns in der täglichen Kommunikation, oft unbewusst, dieser Kanäle bedienen. Durch ein Bewusstmachen und einen gezielten Einsatz lassen sie sich gewinnbringend einsetzen.

2 Deeskalation

„Warte nie, bis du Zeit hast. Denn dann könnte es zu spät sein."
Chinesische Weisheit

Deeskalation ist das Gegenteil von Eskalation. Es bedeutet den stufenweisen Abbau von Gewalt, das Verhindern von schädigenden Konflikten und sich aufschaukelnden Prozessen. Der Deeskalation dienen nicht-aggressive Wortwahl und Verhaltensweisen. Auch negativ besetzte Begriffe sollten vermieden werden. Wir unterscheiden hier die Eigendeeskalation, wenn Sie für sich deeskalieren und die Fremddeeskalation, wenn die Situation zwischen anderen Personen eskaliert und Sie eingreifen.

Durch frühzeitiges und entschlossenes Eingreifen bei sich anbahnenden Konflikten kann in vielen Fällen eine gewalttätige Eskalation vermieden werden. Es ist notwendig (und Not-wendig), bereits bei ersten Gewaltausbrüchen deeskalierend einzugreifen.

„Derjenige, der zum ersten Mal anstelle eines Speers ein Schimpfwort benutzte, war der Begründer der Zivilisation." Sigmund Freud

Es gibt einige Ideen, Strategien und Vorschläge zu einer „richtigen" Deeskalation. Wie bereits erwähnt, gibt es aber keine Universallösung. Einer der wichtigsten Standpfeiler der Deeskalation ist die Einstellung oder auch Geistes-Haltung.

2.1.1   Geistes-Haltung

Eines Tages betrat ein Hund einen Spiegelsaal. Als er die tausend Hunde sah, bekam er Angst, sträubte das Nackenfell, knurrte furchtbar und fletschte die Zähne. Und tausend Hunde sträubten das Nackenfell, knurrten furchtbar und fletschten die Zähne. Voller Panik rannte der Hund aus dem Saal und glaubte von nun an, dass die Welt aus lauter knurrenden, gefährlichen und bedrohlichen Hunden bestehe.
Einige Zeit später kam ein anderer Hund in den Saal. Auch er sah die tausend Hunde. Freudig wedelte er mit dem Schwanz, sprang fröhlich herum und forderte die Hunde zum Spielen auf. Er verließ den Saal mit der Überzeugung, dass die ganze Welt aus netten, freundlichen Hunden bestehe, mit denen sich wunderbar spielen ließe.

Die Geistes-haltung ist schon die erste Möglichkeit einer Deeskalation. Die positive Wertschätzung des Gegenübers ist wichtig, um mit dieser Person arbeiten zu können. Diverse Ansätze der Sozialen Arbeit sehen die Wertschätzung, die Empathie (einfühlendes Verstehen), den guten Kontakt, den Rapport, das positive Bankkonto usw. als wichtigsten Standpfeiler einer gemeinsamen Arbeit.

In der Hypnosetherapie und im Neurolinguistischen Programmieren (NLP) spricht der Therapeut vom **guten Kontakt (Rapport)**. Diesen stellt der Therapeut zuerst her, bevor er mit seinem Patienten arbeitet („Rapport vor Intervention"). Den guten Kontakt können Sie überprüfen, indem Sie schauen, ob Sie und Ihr Gegenüber eine ähnliche Körperhaltung eingenommen haben (Pacing - zu deutsch „im gleichen Schritt gehen"). Menschen mögen Ähnlichkeiten und ähnliches Verhalten: „Gleich und Gleich gesellt sich gern." Wenn sich Menschen in ihrem Verhalten (Körperhaltung, Atmung, Gesichtsausdruck usw.) „spiegeln", befinden sich diese höchst wahrscheinlich auf gleicher „Wellenlänge". Laut verschiedener Wissenschaftler sind wir Menschen dank der Spiegelneuronen in unserem Gehirn dazu in der Lage mit anderen „mitzuschwingen" und mitzufühlen, z.B. Mit-leid zu empfinden.

Viele Therapieformen sprechen von „**positiver Wertschätzung**" der Person und vom „einfühlenden Verstehen" (Empathie). Neben der Echtheit (Authenzität) gehören diese Faktoren zu den Grundpfeilern der Klientenzentrierten Gesprächstherapie nach Carl Rogers (1902 – 1987). Die amerikanische Autorin Byron Katie (*1942) und der Transaktionsanalytiker Thomas A. Harris nannten ihre Bücher nach der Grundhaltung, die sie für unumgänglich halten, wenn Sie sich und die anderen verstehen und gegebenenfalls Einstellungen verändern möchten: „Lieben, was ist" (Katie) und „Ich bin o.k. – Du bist o.k." (Harris).

Um den anderen besser zu verstehen, sollten Sie sich auch in seine Lage versetzen können und sich folgende Fragen stellen:

Wer ist mein Gegenüber? Welche Ziele, Interessen und Erwartungen hat er? Welche Interessen stehen hinter seiner Position? Warum verhält er sich gerade so? Wie möchte er behandelt werden? Wie möchte ich von ihm behandelt werden und wofür? Wie gut ist mein Verhältnis zum Gegenüber? Wie können wir beide zufrieden aus dieser Situation heraus gehen?

Unserer Meinung nach kann man nicht jeden Menschen mögen. Es fällt schon leichter, wenn es uns möglich ist, das Verhalten des Gegenübers und die Person zu trennen. In der Arbeit mit gewalttätigen Menschen ist es notwendig, die Person und seine unangemessene Verhaltensweise zu trennen. „Ich mag Sie als Mensch, aber Ihre Gewalttätigkeit lehne ich ab." Natürlich sollten Sie erst auf das „Emotionale Bankkonto" Ihres Gegenübers einzahlen, bevor Sie die Zinsen abholen. Wenn Sie Ihr Gegenüber nicht ausstehen können, so hilft es vielleicht in dieser Person Ihren Trainer zu sehen, um sich selbst weiter zu entwickeln und zu lernen mit solchen Situationen umzugehen. Dann können Sie die Situation als eine Herausforderung und nicht als ein Problem sehen. Dies erhöht die Wahrscheinlichkeit, dass Sie die Situation besser händeln.

Begegnen Sie anderen Menschen **ohne Vor-urteil**. Die Gesprächspartner merken, ob Sie sie für dumm oder intelligent halten. Die Haltung zum Gegenüber ist entscheidend dafür wie sich ein Gespräch entwickelt. Die Lebenswelt und die Gründe für das Verhalten des Gegenübers müssen nicht vollkommen nachvollziehbar für Sie sein, um mit ihm vernünftig zu kommunizieren. Es gibt Millionen von Menschen, die Ihre Handlungsweisen auch nicht nachvollziehen können.

Lernen sie **fair zu streiten und Fehler zuzugeben**. Seien Sie ein konfliktfähiges Vor-bild, besonders für Kinder und Jugendliche. Menschen lernen durch Modelle. Aus unserer Biographie heraus können wir sagen, dass Wissensvermittler, die alles „besser wissen" und keine Fehler zugeben kein erstrebenswertes *Vor*-bild sind.

Seien Sie **echt (authentisch)** und sagen Sie die Wahrheit. Nicht alles, was wahr ist, sollten Sie sagen. Alles, was Sie sagen, sollte aber wahr sein. Wir haben auch gute Erfahrungen gemacht, wenn wir dem Gegenüber „unangenehme" Wahrheiten offen ins Gesicht gesagt haben, z.B. „Sie sollten besser mal wieder duschen!", „So wie Du aussiehst, würde ich Dich auf der Straße auch für einen Junkie halten!" oder „Das glaube ich Ihnen diesmal nicht!".

> **Eine positive Einstellung zu Menschen und ein guter Kontakt sind die besten Sicherungen zur Verhinderung einer Eskalation.**

Übrigens sind zum Stirnrunzeln und für ein ernstes Gesicht über vierzig Muskeln erforderlich, zum Lächeln dagegen nur siebzehn, d.h. Lächeln ist weniger anstrengend und verbraucht weniger Energie. Nach wissenschaftlichen Untersuchungen in Nordamerika ist Unversöhnlichkeit in sozialen Beziehungen eine Hauptursache von Herzinfarkten. Eine solche Haltung erzeugt das Gefühl einer ständigen Bedrohung und erhöht dauerhaft den Adrenalinspiegel. Unter Stress verbrauchen Sie achtmal mehr Energie. Dies ist die Lehre, die Jesus, Buddha und Jedi-Meister ihren Schülern vermitteln:

Liebe und Vergebung haben mehr „Macht" als Hass und Neid!

2.1.2   Selbst-bewusst-sein

Frösche sehen das Leben aus der Froschperspektive, von unten, und sie quaken viel, während die Adler den Luftraum beherrschen, von ihrer majestätischen Höhe hinab den Überblick haben und volle Verantwortung für ihr Leben übernehmen. Frösche betrachten sich als Opfer, die anderen sind schuld an ihrem Leiden, ständig beklagen sie ihr Los, darum quaken sie so viel. Adler hingegen quaken nicht, sie handeln.

Sich selbst bewusst zu sein bedeutet, dass Sie Ihre Fähigkeiten, aber auch Ihre Macken kennen. Sie kennen sich und Ihre Gefühle. Auch ungute Gefühle nehmen Sie wahr und handeln dementsprechend. Durch ein gutes *Selbstbewusst*-sein entwickelt sich das *Selbstwert*-gefühl. Wie viel sind Sie sich wert? Ein positives *Selbstwert*-gefühl kann sich durch Erfolge privat oder beruflich entwickeln.

Das Minder-wertigkeits-gefühl entwickelt sich, wenn Sie sich weniger wert fühlen als andere Menschen. Geltungssucht, Arroganz, schnelles beleidigt fühlen und wütend werden sind oft die Folgen vom Minder-wertigkeits-gefühl. Dies hindert Sie eine gute Kommunikation zu führen bzw. effektiv zu deeskalieren.

Unser Ego veranlasst uns oft, uns dumm, verantwortungslos und leichtsinnig zu verhalten. Wir möchten vor anderen oder vor uns selbst ein bestimmtes Bild aufrecht erhalten. Sich zu entschuldigen, die Straßenseite zu wechseln oder zu fliehen fällt dann manchmal sehr schwer.

Treten Sie echt und kongruent (siehe Kapitel „Kommunikationstheorien") auf. Lernen Sie Ihre Schwachpunkte kennen. Wie kann man Sie beleidigen und wann werden Sie wütend? Überlegen Sie einfach mal, ob in der Beleidigung nicht ein „Fünkchen" Wahrheit steckt. Es wäre doch angenehm, wenn Sie jemand als „Lügner" bezeichnet und Sie locker sagen können: „Ja, das stimmt und ich kann Ihnen noch fünf weitere Beispiele nennen, wo ich gelogen habe!"

Sie sollten Sachen nicht persönlich nehmen, besonders nicht auf der Arbeit. Dann werden Sie nicht wütend und es fällt Ihnen leichter die Energie von der persönlichen auf die sachliche Ebene zu bringen. Seien Sie sich selbst bewusst und seien Sie sich etwas wert. Lernen Sie Ihre Fähigkeiten, aber auch Ihre (zur Zeit) Nichtfähigkeiten kennen. Entdecken Sie Ihre wunden Punkte. Diese äußern sich meist in Gefühlen bei brisanten Situationen. Gefühle sind Botschaften Ihres Unbewussten und diese sollte Sie nicht unterdrücken, sondern (für) wahr-nehmen, verstehen und daran arbeiten.

2.1.3 Gewaltprädiktoren

„Jetzt bin ich wirklich neugierig, wer stärker ist, ich oder ich."
Johann Nestroy

Es gibt Vorwarnzeichen (Gewaltprädiktoren), die zeigen, dass Sie oder Ihr Gegen-über aggressiv werden bzw. unter Stress stehen. Einige sind gut zu erkennen (Schreien) und andere fast gar nicht (Stromleitfähigkeit der Haut):

- Anstieg des Blutdrucks / Gesteigerte Durchblutung (Roter Kopf / Adern treten hervor / Hautrötungen und Jucken)
- Atembeschleunigung (Bronchialdilatation)
- Weiten der Pupillen
- Schwitzen / Kalter Angstschweiß
- Gähnen
- Trockener Mund
- Augenzucken
- Zähne klappern
- Weiche Knie oder Zittern der Knie
- Angststarre
- Kalte Extremitäten, Zunahme der Koagulolabilität
- Erhöhte Energievorhaltung (via Cortisol)
- Erhöhter Muskeltonus, Reflexsteigerung
- Kurzfristig verbesserte Immunität und Schmerztoleranz
- Zusammengezogene Augenbrauen (Wutfalte)
- Angespannte Lider
- Leicht hervortretende Augenbrauen
- Lippen zum Schrei geöffnet oder zusammengepresst
- Geweitete Nasenflügel
- Nervöses Hin- und Herlaufen
- Eine Zigarette nach der anderen rauchen (Kette rauchen)
- Die elektrische Leitfähigkeit und die Temperatur der Haut steigt an
- Die Stimmlippen im Kehlkopf verkürzen sich bei Stress. Die Stimme wird oft höher und lauter und es wird schneller gesprochen.

2.1.4   Ihr Bauchgefühl

„Wie es den Wald hineinruft, so schallt es hinaus."
Deutsche Echo-Weisheit

Ihr Bauchgefühl oder auch **Intuition** (lat. Intueri: betrachten, erwägen) ist die Fähigkeit, Einsichten in Sachverhalte, Sichtweisen, Gesetzmäßigkeiten oder die subjektive Stimmigkeit von Entscheidungen durch sich spontan einstellende Eingebungen zu erlangen. Unsere Intuition ist es, die unbewusst Reize (meist nicht-sprachliche) aufnimmt und dem Bewusstsein signalisiert, dass die Tonalität und die Körpersignale des Gesprächspartners nicht der sprachlichen Botschaft entsprechen, sondern im starken Widerspruch dazu stehen. Die Signale sind inkongruent (nicht deckungsgleich). Sehr oft bei Versicherungsvertretern zu beobachten, die lernen, welche Körpersprache wichtig ist. Aber irgendwie verraten sie sich trotzdem. Meist nehmen wir dies aber nicht bewusst wahr. Die Wahrscheinlichkeit einer Verlässlichkeit dieser unbewusst aufgenommenen Informationen ist im Vergleich zum bewusst aufgenommenen Informationsgehalt vielfach höher. Frauen sind im Allgemeinen *scharf*-sichtiger und sind mit ihrer emotionalen Seite besser verbunden. Dies trainieren ja schon Mädchen mit sozialen Übungen wie „Wir spielen jetzt Familie", während die Jungs „Cowboy" spielen. Deshalb wird oft von „weiblicher Intuition" gesprochen.

Die **Emotionale Intelligenz** (EQ) geht noch weiter: Sie können nicht nur Ihre eigenen Gefühle wahr-nehmen und deuten, sondern auch die Ihres Gegenübers. Selbstbewusstsein, Selbstmotivation, Selbststeuerung, Soziale Kompetenz und Empathie sind die fünf Teilkonstrukte der Emotionalen Intelligenz. Nicht das bloße Vorhandensein von Gefühlen, Stimmungen und Affekten, sondern der bewusste Umgang mit ihnen macht eine hohe emotionale Intelligenz aus.

Hören Sie, gerade in Stresssituationen, auf Ihr Bauchgefühl. Ihre Intuition ist ein gutes Frühwarnsystem, welches Ihnen meist rechtzeitig signalisiert, wenn eine Situation zu eskalieren droht. Vertrauen Sie lieber diesem Gefahrenmeldersystem als der inneren Stimme Ihrer Erziehung, die sagt: „So etwas tut man nicht …!"
Wie bereits geschrieben, verarbeiten Sie von den bis zu 11.000.000 Informationen pro Sekunde höchstens 35. Ihr Unbewusstes hat mehr Informationen als Ihr Bewusstsein und kann deshalb die Lage besser überblicken. (PS: Trotzdem kann es sich mal irren!)

„Immer wenn ich traurig bin, trink ich einen Korn.
Wenn ich dann noch traurig bin, trink ich noch n' Korn.
Wenn ich dann noch traurig bin, trink ich noch n' Korn.
Und wenn ich dann noch traurig bin, fang ich an von vorn. "
Heinz Erhardt

In Zeiten des Sofort-und-immer-telefonierens, des Fastfoods, des Ein-Stunden-Fotos-Services, der Minutensuppen, des Coffee-To-Go und des Sekundenklebers gehört Stress nunmal zum Alltag.

Stress gehört zu den Faktoren, von denen Menschen aller Arbeitsbereiche in den letzten Jahren zunehmend betroffen sind. Durch Personalabbau, Arbeitsverdichtung und wachsenden Zeitdruck, aber auch durch größere Eigenverantwortung und steigende Anforderungen nehmen die weit reichenden Folgen von Stress zu. Zu den vielfältigen negativen Auswirkungen auf die Beschäftigten gehören die Beeinträchtigung ihres Wohlbefindens und die Einschränkung ihrer Leistungsfähigkeit ebenso wie die Gefährdung ihrer Gesundheit.

„Arbeitsbedingter Stress ist eine emotionale und psychophysiologische Reaktion auf ungünstige und schädliche Aspekte der Arbeit, des Arbeitsumfeldes und der Arbeitsorganisation. Stress ist ein Zustand, der durch hohe Aktivierungs- und Belastungsniveaus gekennzeichnet ist und oft mit dem Gefühl verbunden ist, man könne die Situation nicht bewältigen." *(Europäische Kommission 1997)*

Physiologisch betrachtet ist Stress eine biochemische Reaktion unseres Körpers auf außergewöhnliche Situationen. Neben dem negativ empfundenen **„Distress"** gibt es auch den so genannten **„Eustress"**. Eustress empfinden wir dann, wenn wir in einer befriedigenden Tätigkeit ganz und gar aufgehen oder wenn wir uns stark auf etwas freuen und aufgeregt sind. Dann fliegt die Zeit dahin und so viel wir auch tun, wir fühlen uns zufrieden. Der Glücksforscher Mihaly Csikszentmihalyi bezeichnet diesen Zustand als „Flow". Von der Natur vorgesehen sind kurzzeitige Stressbelastungen (siehe Kapitel „U(h)rzeitmodell"), jedoch nicht der permanente Dauerstress in unserer heutigen Gesellschaft.

Wenn wir zu oft im Stress sind, kann es zu körperlichen und seelischen Problemen kommen:

- „Burnout"
- Verspannungen und Rückenschmerzen
- Kopfschmerzen und Migräne
- Brechreiz, Sodbrennen, Magenbeschwerden bis hin zum Magengeschwür
- Ohrensausen, fiependes Geräusch (Tinnitus), Gehörsturz
- Herz- und Kreislauf-Erkrankungen
- Durchfall oder Verstopfung, häufige Blähungen, häufiger Harndrang
- Allergien, Hautausschlag
- Ausbruch von Lippenherpes
- Verlust von kognitiven Leistungen (Cortisol wirkt neurotoxisch)
- Hypertonie, Arteriosklerose, Herzinfarkt, Schlaganfall
- Kraniomandibuläre Dysfunktion
- Gastritis, Ulcus, Colon irritabile
- Blutzucker-Anstieg, Hypercholesterinämie, Gewichtszunahme, Diabetes (= unverbrauchte Energie)
- gehäufte Infekte, Tumorprogression
- Libidominderung, Erektionsprobleme, Infertilität und Sterilität
- Depressionen

Sie müssen bei dieser Liste nicht jede Auswirkung kennen, um zu erkennen, dass Stress für viele Krankheiten verantwortlich oder wenigstens förderlich ist.

2.2.1   Stressbiologie

„Eine der Wirkung der Furcht ist es, die Sinne zu verwirren und zu machen, dass uns die Dinge anders erscheinen, als sie sind."
Cervantes, Don Quijote

Als **Gehirn** (Hirn, lat. cerebrum) bezeichnet man den im Kopf gelegenen Teil des Zentralnervensystems der Wirbeltiere. Es liegt geschützt in der Schädelhöhle und wird umhüllt von der Hirnhaut. Unser menschliches Gehirn wiegt ca. 1,4 kg. Dies entspricht dem Gewicht eines Zwergkaninchens. Bei der Geburt wiegt es rund 400 g und es wächst bis zum 13. Lebensjahr. Ab dem 30. Lebensjahr schrumpft es. Das menschliche Gehirn kann als ein Zusammenschluss dreier Gehirne gesehen werden: Den Kern oder Stamm bildet das so genannte Reptiliengehirn. Darauf sitzt das Säugetiergehirn, welches zusammen mit dem erstgenannten vom Primatengehirn und den Stirnlappen des Neocortex umschlossen wird.

Das emotionslose **Reptiliengehirn** entspricht dem der Schlangen und anderer Reptilien; es reguliert die primitiven Funktionen unseres Körpers, wie Selbstverteidigungs- und Fluchtmechanismen. Seine „Philosophie" ist 100% Wettbewerb.

Das **Säugetiergehirn** (Limbisches System) bildet die Basis für Emotionen, soziales Verhalten und die Sorge um den Nachwuchs. Da die Anlagen des Reptiliengehirns aber auch hier vorhanden sind, bewegt sich die Motivation des Säugetiergehirns ständig zwischen Wettbewerb und Kooperation.

Wie der Name vermuten lässt, gleicht unser **Primatengehirn** dem der Primaten, z.B. der Schimpansen. Allerdings verfügen wir außerdem über die bereits erwähnten Stirnlappen, die uns erlauben, komplexe Dinge wie Sprache, Musik, verfeinerte motorische Fähigkeiten, Voraussicht und abstrakte Ideen zu entwickeln. Die Stirnlappen denken 100% kooperativ.

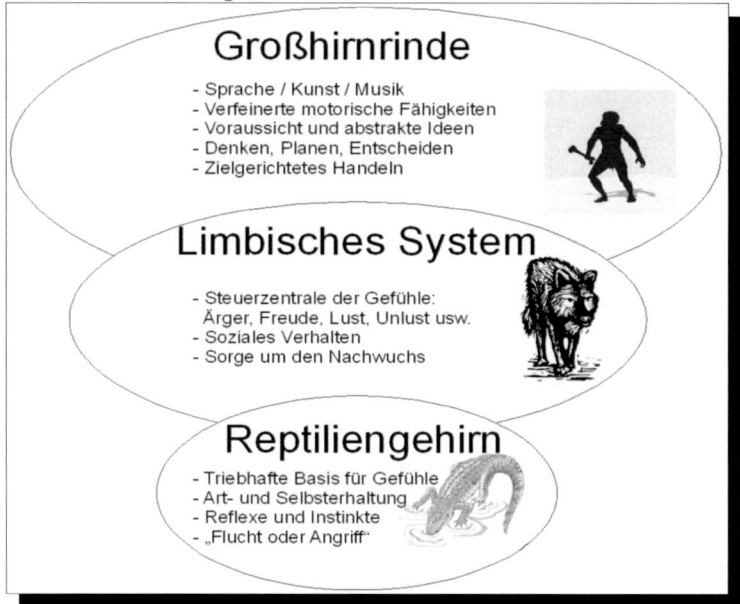

Fight-or-flight ist ein von dem amerikanischen Physiologen Walter Cannon (1915) geprägter Begriff (englisch: Kampf oder Flucht / *Raufen oder Laufen*). Diese Reaktion beschreibt die rasche körperliche und seelische Anpassung von Lebewesen in Gefahrensituationen als Stressreaktion.

1936 hatte der Mediziner Hans Selye den Begriff „**Stress**" aus der Physik entlehnt, um die „unspezifische Reaktion des Körpers auf jegliche Anforderung" zu benennen. Stress heißt in der Werkstoffkunde der Zug oder Druck auf ein Material. Der Ausgangspunkt von Hans Selye war die Auseinandersetzung eines Tieres mit einer akuten Gefahrsituation, zum Beispiel der Begegnung mit einem Feind (Fressfeind oder einem innerartlichen Aggressor) oder einer körperlichen Gefahr (z.B. Waldbrand). Das Tier muss dann in erhöhter Handlungsbereitschaft sein, was sowohl die Bereitschaft seiner Muskulatur und des Kreislaufs betrifft als auch seine Aufmerksamkeit und Entscheidungsbereitschaft. Deshalb wird durch die Ausschüttung der Nebennierenhormone Adrenalin und Noradrenalin eine Wirkungskette ausgelöst, die letztlich den Blutdruck und den Blutzucker sowie den Spannungszustand der Muskulatur (Muskeltonus) erhöhen. Adrenalin schafft die Voraussetzungen für die rasche Bereitstellung von Energie-Reserven, die in gefährlichen Situationen das Überleben sichern sollen. Das Hormon Testosteron steigert dazu Aggression und Ausdauer und Endorphine hemmen das Schmerzempfinden.

Die körperliche Stressreaktion macht es uns möglich, auf eine gefährliche Situation besser zu reagieren. Sie reagieren z.B. beim Bremsen in einer „brenzligen Situation" automatisch und damit vor allem auch schnell. Unser Reptiliengehirn hat die Aufgabe, unser Überleben zu sichern. Das, was wir als Stress wahrnehmen, ist Teil dieser Überlebensmechanismen. Das Problem ist nur, dass dieser Gehirnteil nicht in der Lage ist, zwischen wirklich gefährlichen und harmlosen Situationen zu unterscheiden. Das Reptiliengehirn lernt nicht und deshalb geraten Sie auch in Situationen in Stress, die Sie von Ihrem Bewusstsein her als „ungefährlich" einordnen können (z.B. Examensprüfung).

Zusammengefasst pumpt der menschliche Körper in Gefahrensituationen (Stress) in weniger als einer Sekunde das Blut aus den Gedärmen (Hemmung der Magen-Darm-Tätigkeit) in die Muskeln. Er wird durch Hormone (Adrenalin, Testosteron, Noradrenalin, Endorphine, Serotonin) schneller, aggressiver und schmerzunempfindlicher und kann jetzt besser angreifen oder fliehen (fight or flight). Leider ist das Gehirn auch nicht gut durchblutet (Denkblockade) und der Mensch reagiert hauptsächlich wie ein Reptil. Aus dem Tunnelblick heraus zu kommen, die Angelegenheit wieder zu überblicken, klar zu denken und die richtige Lösung zu finden erfordert Übung, Kraft und Willen. Es dauert nach einer Stresssituation bei guten Bedingungen wenigstens 30 Minuten bis der Hormonhaushalt wieder ausgeglichen ist. Übrigens verbrauchen Sie unter Stress acht Mal so viel Energie wie bei ausgeglichenem Haushalt. Wenn Sie also einen stressigen 10-Stunden-Tag hatten, können das gefühlte 80 Stunden Arbeit sein.

2.2.2 U(h)rzeitmodell

Zu wissen, was man weiß, und zu wissen, was man tut, das ist Wissen.
Konfuzius

<u>Damals</u>

Gehen wir einige zehntausend Jahre zurück. Deutschland ist zum Großteil mit Wäldern bedeckt, in denen Tiere wie Hasen, Rehe und *Säbelzahntiger* hausen.
Einer unserer Vorfahren, ein *Urmensch*, steigt aus seiner gemütlichen Höhle, nachdem er vom Vogelgezwitscher sanft geweckt wurde, schultert seine Keule und macht sich auf den morgendlichen Streifzug durch die angrenzenden Wälder.
Plötzlich: Ein Knacken im Unterholz. Was passiert? Stress entsteht. Adrenalin, Testosteron und zahlreiche andere Botenstoffe werden ausgeschüttet. Der Steinzeitmenschenorganismus stellt sich nach der vagotonen Schockphase („Schrecksekunde") auf Kampf oder Flucht ein (sog. „Fight or Flight"-Reaktion). Die Muskulatur, welche für Kampf oder Flucht wichtig ist, wird gestrafft, andere Muskeln entspannen sich unwillkürlich (daher der Ausdruck „sich vor Angst in die Hose machen") Der Urmensch bekommt einen Tunnelblick, um den Gegner oder den Fluchtweg im Blick zu haben. Die Herzfrequenz steigt und der Blutdruck geht in die Höhe.

Handelt es sich beim Verursacher des Geräuschs im Unterholz um einen Hasen oder ein Reh, ist der Urmensch ideal auf die Jagd eingestellt. Handelt es sich um einen Säbelzahntiger, wird vermutlich die Flucht die angemessene Reaktion sein.
In jedem Fall ist der Organismus durch die Stressreaktion auf alle möglichen Konsequenzen eingestellt und die ausgeschütteten Botenstoffe finden ihren Kanal: Kampf oder Flucht. So schnell wie der Stress aufgebaut wird (weniger als eine Sekunde), so langsam baut er sich wieder ab (mindestens 30 Minuten). Da der Urmensch jederzeit die Möglichkeit hat, seinen Stress durch Raufen oder Laufen abzubauen, bleibt er stets unterhalb der „Tiltgrenze", jener Grenze, ab der Stress anfängt, gesundheitsschädlich zu werden. Die **„Urzeitkurve"** verdeutlicht: Stress ist lebenswichtig. Ein gewisses Grundstresslevel besteht immer, selbst bei schlafenden Menschen. Nur Tote haben keinen Stress.

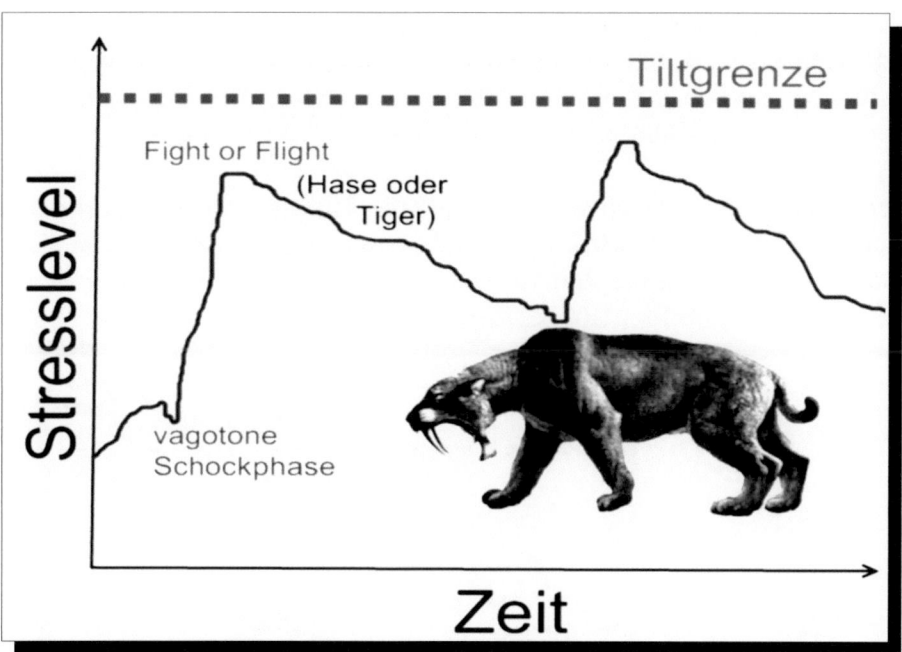

Stresslevel / Zeit

Tiltgrenze

Fight or Flight
(Hase oder
Tiger)

vagotone
Schockphase

Heute

Der Alltag des heutigen Menschen unterscheidet sich gewaltig von dem des Ur-
zeitmenschen. Heute gibt es keine Säbelzahntiger mehr. Unser Essen erjagen wir
im Supermarkt und nicht mehr im Wald. Unsere Keule ist der Laptop und unser
Vogelgezwitscher wurde durch den Wecker ersetzt.

Dennoch sind die Stressreaktionen und unser inneres „Programm" die selben wie
die des Urmenschen. Wie also sieht ein durchschnittlicher Arbeitstag heute aus?
Früh am Morgen, der Wecker schellt. Stress. Der Mensch schreckt hoch, Adrenalin und andere Botenstoffe rasen durch den Körper. Ein Blick auf den Wecker,
noch mal umdrehen. Der Stresspegel sinkt langsam wieder ein Stück. Beim zweiten Klingeln des Weckers steigt das Stresslevel wieder an, man will ja pünktlich
zur Arbeit kommen. Also schnell ins Bad, die Dusche und der Kaffee danach sorgen für ein geringes Absinken des Stresses, der aber aufgrund der verpassten Stra-
ßenbahn wieder steigt. Im Taxi (wo der Fahrpreis den Stress wieder ansteigen
lässt), bleibt ein wenig Entspannung, welche jedoch durch den über das Zuspät-
kommen erbosten Chef wieder durch eine saftige Dosis Adrenalin zunichte gemacht wird. Man könnte diese kleine Geschichte noch weiterführen. Sie zeigt,
dass unser Organismus trotz anderer Stressoren nicht anders als der des Urzeit-

menschen reagiert. Allerdings ist es uns heute nicht mehr möglich, jeden Stressor durch Raufen oder Laufen auszuschalten. Vor allem im Fall des erbosten Chefs würde dies vermutlich gar weiteren Stress nach sich ziehen. Also werden weiter Stresshormone ausgeschüttet, welche allerdings kein Ventil finden.

So überschreitet der Mensch von heute oft die Tiltgrenze, was zu Erkrankungen wie Burn-Out, Magengeschwüren, Schlafstörungen usw. führen kann. Da einer der ständigen Stressoren die Zeit ist, die uns heute meist „im Nacken sitzt", nennen wir die nächste Grafik **„Uhrzeitkurve"**:

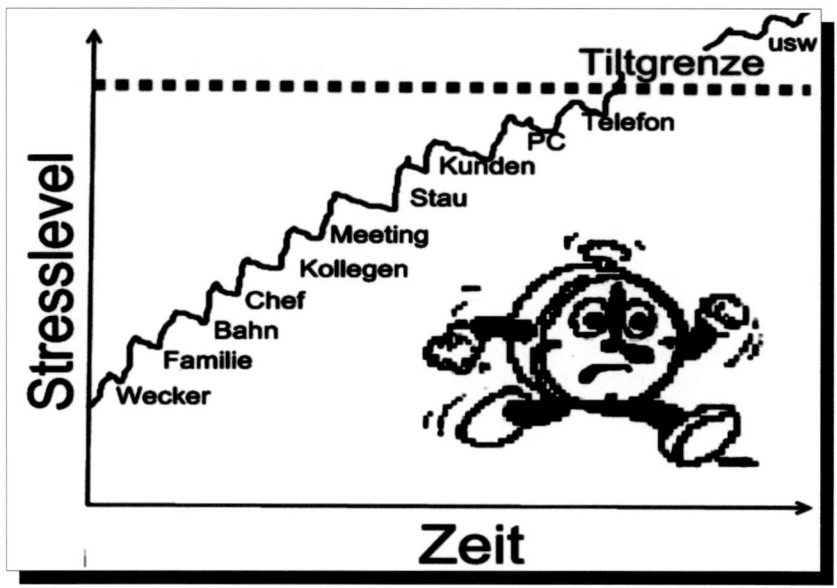

2.2.3   SOR- oder ABC-Modell

„Nur durch Kampf gewinnt man Siege." Friedrich von Bodenstedt

Ob und wie ein Mensch auf Stress, Aggression, (vermeintliche) Provokation oder auch einfach jeden äußeren Reiz reagiert, ist individuell sehr unterschiedlich. Während der eine Mensch den Blick eines Passanten im Bus möglicherweise gar nicht registriert, fühlt sich ein anderer vielleicht geschmeichelt, weil er davon ausgeht, jemandem sei seine tolle neue Frisur aufgefallen. Und wieder ein anderer Mensch deutet den Blick eventuell gar als Provokation, als „Anmache" („Was

guckst du?!"). Woran liegt es, dass ein und dieselbe Situation (Blick eines Fremden im Bus) von drei verschiedenen Menschen auf drei verschiedene Arten gedeutet wird? Dies versucht das SOR-Modell zu erklären.

S: *S*timulus oder *S*tressor
oder A = Activating Event (Auslösender Moment)
Dies bezeichnet den Reiz. Das, was der Mensch wahrnimmt, wie in unserem Beispiel der Blick eines Fremden. Der Stimulus ist zunächst einmal neutral. Zur Vorbeugung könnten Sie die Umgebung wechseln, wenn Sie vorher schon ahnen,
dass es dort zu Eskalationen kommen kann.

O: *O*rganismus
oder B = Beliefs (Wahr-nehmung, Gedanken, Annahmen)
In unserem Organismus findet eine Bewertung des zunächst neutralen Stimulus
statt. Wie wir den Reiz bewerten, hängt von vielerlei Faktoren ab. Bleiben wir bei
dem Beispiel mit dem Blick des Fremden im Bus. Habe ich von Klein auf gelernt,
dass es unhöflich ist, fremde Menschen anzusehen, werde ich den Blick vermutlich eher als Provokation oder Frechheit deuten. Die Erziehung kann also ein
mächtiger Einflussfaktor sein. Wenn ich die Erfahrung gemacht habe, dass aus
Blicken von Fremden häufig spannende Flirts oder interessante neue Bekannt-
schaften entstehen, werde ich mich möglicherweise über den Blick freuen. Meine
Lerngeschichte und persönliche Erfahrungen sind folglich ein nicht zu unterschät-
zender Faktor. Bin ich ohnehin schon gereizt, werde ich mich eher provozieren
lassen, als wenn ich gerade hervorragende Laune habe. Gehöre ich einer Jugend-
bande an, in der es als „respektlos" gilt, jemanden anzuschauen und darüber als
Schwäche gedeutet wird, jemanden nicht zu verprügeln, der einen anschaut, werde
ich mein Gegenüber im Bus gewiss „anmachen" („Warum guckst du?!"). Also
spielt auch die Sozialisation eine wichtige Rolle. Weitere Einflussfaktoren können
sein:
Eigene Wahrnehmung, Tagesform, Erkrankungen, ethnokulturelle Hintergründe,
Geschlecht, Alter, eigene Werte und Tugenden, Beruf, Weltanschauung und poli-
tische Einstellung, Religion, gesellschaftliche/äußere Rahmenbedingungen usw.
All diese möglichen Faktoren können, müssen aber keine Rolle bei der Bewertung
eines Stimulus spielen. Durch empathisches Verhalten kann sich auch Ihre Wahr-
nehmung ändern.

R: *Reaktion*

oder C = Emotional Consequence (Stress, der aus diesen Annahmen resultiert)

Nachdem der Stimulus bewertet wurde, folgt die Reaktion. Neben rein körperlichen Reaktionen (z.B. Schwitzen, Zittern und Herzklopfen bei Stress) folgt ein Verhalten.

Dieses Verhalten variiert je nach Bewertung. So kann ein einfacher Blick eines Fremden zu einem Flirt, einer Schlägerei oder auch zu einem unbedeutenden Blick eines Fremden im Bus werden. Durch Selbstmanagement, Meditation, Aufbau von Selbst-bewusstsein usw. können die Reaktionen kontrollierter ablaufen und es kommt zu weniger Eskalationen.

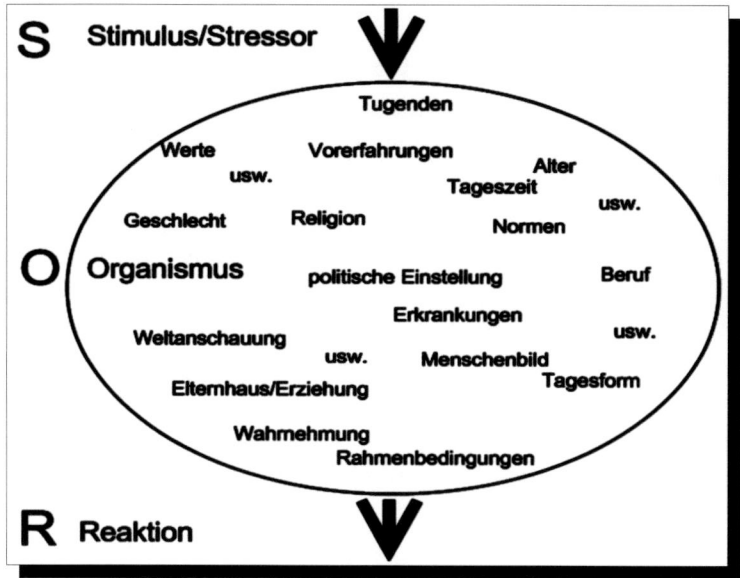

Wahrnehmung ist genau wie Stress individuell. Je mehr man über das „O", die „inneren Filter" unseres Gegenübers weiß, desto besser kann man in einer Situation drohender Eskalation deeskalieren. Daher ist es im Pflegebereich und einigen anderen Arbeitsfeldern (z.B. Lehrer, Justizvollzugsanstalt, Sozialdienste) sinnvoll, sich im Vorfeld eines Kontakts über den Patienten zu informieren, um eventuelle Stressoren vermeiden zu können.

2.2.4 Kurzfristige Erleichterung

„Niemand kann dir ohne deine Zustimmung ein Gefühl der Unterlegenheit vermitteln." Eleanor Roosevelt

Wie die Urzeit- und Uhrzeitkurve gezeigt haben, braucht Stress ein Ventil, meist Kampf oder Flucht, um auf Dauer nicht schädlich und krankmachend für den menschlichen Organismus zu wirken. Sie sollten einen Weg finden, Gefühle offen, ehrlich und in angemessener Form auszudrücken. Spontan und authentisch zu sein ist aber nicht zu verwechseln mit unkontrollierter Impulsivität. Um in einer Stresssituation handlungsfähig zu bleiben und sich vor den dauerhaft schädlichen Wirkungen der nicht ausgelebten Fight- or Flight-Reaktionen zu bewahren, braucht der Mensch Alternativen, welche helfen, die ausgeschütteten Hormone zu kanalisieren und die psychische Belastung gering zu halten.

Neben langfristigen Methoden werden vor allem **kurzfristige Erleichterungen** (KE) benötigt, welche die Handlungsfähigkeit in der Stresssituation selbst erhalten.

Hier unterscheidet man sechs Möglichkeiten:

1. Spontane Entspannung
   Tiefes Ein- und bewusstes Ausatmen, das An- und Entspannen einzelner Muskeln („Faust in der Tasche machen"), oder das sich Recken und Strecken sind die Methoden der Wahl.

2. Innere Ablenkung
   Schon das kurze Hinwenden zu angenehmen Gedanken oder Erinnerungen kann helfen, den Stress zu reduzieren und die Handlungsfähigkeit zu erhalten. Vor dem Konfliktgespräch mit dem Vorgesetzten etwa an den letzten Urlaub, den lieben Partner oder einen angenehmen Kinobesuch zu denken, kann ebenso dazu beitragen, wie das Betrachten eines lieb gewonnenen Bildes oder das bewusste Achten auf Geräusche, Gerüche oder schöne Farben.

3. Äußere Ablenkung
   Zur äußeren Ablenkung zählen alle Aktivitäten, die von der Belastung ablenken. Ein kurzer Spaziergang, das Hören von Musik oder das Lesen einiger Zeilen in einem guten Buch sind Erleichterungen, welche auch kurzfristig einsetzbar sind.

4. Positive Selbstinstruktion
   „Das packe ich!" und „Ich bin ganz ruhig!" sind systematisch eingesetzte Gedanken zur Selbstmotivation, welche zur Relativierung von belastenden Situationen eingesetzt werden können.
5. Abreaktion
   Was dem Urmensch der Hieb mit der Keule, ist dem Uhrmensch die Abreaktion. Aufgestaute Energien werden durch körperliche Aktivität kanalisiert, z.B. durch Treppensteigen, einen kurzen Sprint oder einige Kniebeugen. Auch „auf den Tisch hauen" kann in manchen Situationen hilfreich sein.
6. Verringerung der Stressdosis
   Warum sich unnötig zusätzlichen Stress bereiten? Indem man das Radio oder den Fernseher ausschaltet, den Telefonhörer daneben legt oder das Fenster schließt, werden Stressoren beseitigt, welche die ohnehin vorhandene Belastungsreaktion verschlimmern würden.

Alle genannten kurzfristigen Erleichterungen wenden wir oft unbewusst an. Die Wirkung kann jedoch erhöht werden, indem man sich den Einsatz und die Wirkung der KE bewusst macht und diese auch bewusst einsetzt. Je höher die Stressdosis, desto mehr KE sollten zum Einsatz kommen.

Stop-Satz

Es empfiehlt sich, den Einsatz der kurzfristigen Erleichterungen durch einen so genannten Stop-Satz einzuleiten. Dies ist ein individueller, positiver Satz, welcher dann zum Einsatz kommt, wenn man merkt, dass sich Stress aufbaut, der geeignet ist, die Handlungsfähigkeit einzuschränken. Der Stop-Satz sollte kurz, prägnant und vor allem positiv formuliert sein, etwa „Ganz ruhig!" oder „Alles wird gut!".

2.2.5 Längerfristige Stressbewältigung

„Kein Unglück ist so groß wie unsere Angst." Franz Werfel

Der Lebensstil vieler Menschen, die unter Dauerstress stehen, zeigt kontraproduktive Formen der Stressbewältigung. Sie suchen häufig Entlastung durch übermäßiges Rauchen, Essen, Alkohol trinken, Fernsehen usw. Diese schädlichen Gewohnheiten bringen zusätzliche Belastungen und Anspannung statt Entspannung. Ein Teufelskreis ist in Gang gesetzt. Was können Sie dagegen tun?

Reduzieren Sie die äußeren Anforderungen:
- Verbessern Sie Ihr Zeitmanagement.
- Lernen Sie „Nein" zu sagen.
- Delegieren Sie Arbeiten.
- Trainieren Sie Ihre Problemlösestrategien.

Reduzieren Sie die inneren Anforderungen:
- Müssen Sie immer 100 % geben?
  (Nach Untersuchungen schaffen Menschen in 20 % der Zeit 80 % ihrer Arbeit, die restlichen 80 % brauchen sie *„nur"* für die Perfektionierung.)
- Hören Sie *„einfach"* auf perfektionistisch zu denken und zu handeln!

Ändern Sie die Bewertung der Situationen

Warum empfinden Sie die Situation als stressig? Ist die Angelegenheit wirklich so wichtig für Sie? Können Sie die Situation als Herausforderung sehen? Wollen Sie die Angelegenheit wirklich persönlich nehmen?

Das Ziel ist natürlich nicht, große Probleme „klein zu reden"; diese Strategie kann aber bei alltäglichen Ärgernissen dabei helfen, sich vom Stress zu distanzieren.

Bewerten Sie Ihre eigenen Fähigkeiten
- Haben Sie so eine ähnliche Aufgabe schon einmal bewältigt?
- Wie haben Sie andere schwierige Aufgaben schon gelöst?
- Welche Ihrer Stärken können Sie hier einsetzen?

Ausgleich von An- und Entspannung
- regelmäßiges Entspannungstraining, Schlaf, Freunde, Autogenes Training, Belastungsausgleich, Sport, Yoga, Spazieren gehen, Massage, Lesen, soziale Kontakte, Essen, Sex, Kochen, Hobbys, und vieles mehr...

**Sie kennen sich selbst am besten und wissen, was Ihnen gut tut.
Dann tun Sie es auch!!!**

2.3   (De-)Eskalationsstufen

„Der Teufel hat Angst vor fröhlichen Menschen." Don Bosco

Der Kampf auf dem Schulhof, in der Disco oder in der Kneipe wird oft als alter-
tümlicher (archaischer) Ritual- und nicht als Duellkampf bestritten. Beim Duellkampf wollen beide Parteien den Streit und beide haben Chancen, z.B. beim Pis-
tolenduell, Boxkampf oder Wettrennen. Beim Ritualkampf möchte der Aggressor
„nur" seine Überlegenheit und seine Macht zeigen. Diese Demonstration erfolgt
meist in drei Vorstufen oder Eskalationsphasen.

In der **Blick-Stufe (visuellen Phase)** „guckt" sich der Aggressor das Opfer aus
und fixiert dieses mit seinen Blicken. Deshalb fühlen sich einige Jugendliche
schon durch Blicke angegriffen und der Spruch „Was guckst Du?!" ist schließlich
schon ein Klassiker. Längere Fixierung mit Blicken weist auf Interesse des
Guckers hin (z.B. Sex oder Gewalt). Plötzliches Absenken des Blickes wird als
Schwäche und damit als Opferhaltung interpretiert. Jetzt weiß der „Jäger" (egal ob
er nach einem Sex- oder Gewalt-Opfer sucht), dass er eine „Beute" vor sich hat.

In der **Sprech-Stufe (verbalen Phase)** des Ritualkampfes wird das vermeintliche
Opfer „angemacht" und beleidigt. Der Aggressor nähert sich dem Opfer an und
„plustert" sich durch seine Beschimpfungen auf. Hier wird schon mal angetestet,
was das Opfer so „drauf" hat. (Auch hier und in der nächsten Phase könnte man
Parallelen zum „Jagdverhalten" eines „Machos" in der Diskothek ziehen.)

In der **Körperkontakt-Stufe (taktilen Phase)** kommt es zu ersten körperlichen
Berührungen. Das Opfer wird geschubst, angefasst oder geohrfeigt. Die Stärke
und die Widerstandskraft des Opfers werden weiter ausgetestet. Der Täter möchte
sich weiter aufbauen, sich Mut machen (Adrenalin-Monster) und gleichzeitig sein
Opfer runter-machen.
Danach kommt es zum eigentlichen Kampf. Nach dem Einsatz von Fäusten,
Ellbogen, Knien und Kopfstössen wird das Opfer zu Fall gebracht oder bricht
zusammen. Der Abschluss kann durch Tritte am Boden oder durch das Nach-
schlagen mit Gegenständen erfolgen.

2.3.1   Visuell

„Wo Klugheit gilt, da schafft Gewalt nichts."
Herodot von Halikarnassos

Blickverhalten

Wenn Sie an jemanden vorbeigehen, z.B. in der Fußgängerzone, schauen Sie die meisten Personen nur einen „Augenblick" (weniger als eine Sekunde) lang an. Durch einen längeren Blickkontakt wird Interesse signalisiert. Dieses Interesse kann verschiedenste Gründe haben, z.B. Neugier, Sex oder Gewalt. Angestarrt oder mit Blicken fixiert zu werden, wird meistens als unangenehm erlebt. Je geringer das Selbst-bewusst-sein, desto eher werden solche Blicke negativ empfunden: „Was stimmt nicht an mir?" „Hab ich einen Fleck?" „Bin ich hässlich?" Ideal ist es, den anderen auf gleicher „Augenhöhe" entgegenzutreten und Respekt (lat. Zurückschauen) voreinander zu haben.

Mit den Augen werden auch nicht-sprachliche Signale gesendet. Das Ausmaß der Blickkontakte spielt eine wichtige Rolle. Wird ein Gegenüber angestarrt, kann das als Bedrohung aufgefasst werden. Wenn jemand kaum angeschaut wird, kann der Eindruck entstehen, dass das Gegenüber nicht interessiert ist und auch nicht zuhört. Es muss folglich das richtige Maß gefunden werden. Daher wird empfohlen, einen kurzen Augenkontakt (ein Augenblick) herzustellen, ohne zu starren. Blinzeln und ständiges Wegschauen (Suche nach Fluchtmöglichkeiten) werden als Unsicherheit gesehen. Wenn Sie den Blick und Ihre Nase nach oben richten, wirken Sie hoch-näsig und arrogant.

Bei Gesprächen schauen Sie dem Gegenüber in die Augen. Wechseln Sie nicht von einem Auge zum anderen, dies strahlt Unsicherheit aus. Nehmen Sie einen Punkt im Gesicht des Gegenübers und lassen Sie dort Ihren Blick. Dieser Punkt kann auch die Nasenspitze oder die Augenbrauen sein, der Gesprächspartner wird es nicht bemerken. Dieser Blick vermittelt einen Eindruck von Selbst-vertrauen und Selbst-sicherheit. Wenn Sie den Blick abwenden, schauen Sie dann nicht nach oben (Überheblichkeit) oder nach unten (Unsicherheit).

Körper-haltung

Die Geistes-haltung spiegelt sich in Ihrer Körper-haltung. Können Sie Ihr Gegen-über nicht leiden, haben Sie Angst vor ihm und sind Sie etwas „Besseres": Ihre Körpersprache wird Sie verraten. In Gesprächen gleichen sich die Gesprächspart-ner in ihren Bewegungsmustern aneinander an. Es ist also hilfreich, wenn eine entspannte Körperhaltung eingenommen wird, da die Wahrscheinlichkeit steigt, dass diese vom Gegenüber ebenfalls angenommen wird. Hektische Bewegungen (könnten als Bedrohung aufgefasst werden) und angespannte Gesichtszüge sind deshalb unbedingt zu vermeiden. Eine unbedrohliche (neutrale) Körperhaltung sollte eingenommen werden (z.B. Hände gut sichtbar und seitlich am Körper hal-ten). Möchten Sie eine neutrale Körper-haltung zum Gegenüber einnehmen, so nehmen Sie „einfach" eine neutrale Geistes-haltung ein.

Geistes-haltung

Die Geistes-haltung spiegelt sich in der Körper-haltung (Wir wiederholen es im-mer wieder, weil es so entscheidend ist.). Wenn Sie also in Menschen nur Gegner sehen, die Ihnen etwas Schlechtes wollen, so strahlen Sie dieses aus. Oft bekom-men Sie die passenden negativen Reaktionen auf Ihre Ausstrahlung, die natürlich Ihre Grundhaltung verstärkt.

Wenn Sie die unten genannten Grundhaltungen verinnerlicht haben, werden Sie auch oft in diesen von der Umwelt bestätigt werden:

- Die positive Wertschätzung des Gegenübers ist wichtig.
- Trennen Sie geistig die Person als Mensch und gewisse Verhaltensweisen von ihm, die Sie ablehnen.
- Ein guter Kontakt (Rapport) zum anderen ist notwendig.
- Ich bin o.k. – Du bist o.k.
- Niemand hat das Recht, den anderen auszugrenzen, zu beleidigen oder zu verletzen.

Ihre Haltung (Geistes- und Körperhaltung) ist schon die erste Möglichkeit einer Deeskalation.

2.3.2   Verbal

„Der Ton macht die Musik." Unsere Mütter u.a.

Die Stimme gibt Ihre „Stimmung" wieder und sollte gerade bei Eskalationen „stimmen". Sprechtempo, Sprachrhythmus, Lautstärke und Tonhöhe können eskalierend oder deeskalierend wirken. Eine hektische und übertrieben laute Stimme kann erregend wirken, wohingegen eine ruhige und tiefere Stimme entspannend wirkt.

Der mit Menschen arbeitende Mensch sollte im Stande sein, für seine Überzeugung einzustehen und sich als gutes Vor-bild ohne gewalttätige Handlungen für seine Meinung einsetzen. Die Haltung und die Stimme sollten dabei klar und deutlich sein. Wort, Ton und Körpersprache sollten dabei deckungsgleich (kongruent) und echt (authentisch) sein.

Die Stimmhöhe eines Menschen hängt zum großen Teil von biologischen Faktoren ab: Resonanzräume im Rachen, Größe der Stimmlippen im Kehlkopf, Menge des Hormons Testosteron u.ä. ab. Männer haben aufgrund dieser Faktoren somit oft tiefere Stimmen als Frauen.

Bei Erregung ändert sich die Grundfrequenz der Stimme. Meist wird sie in ihrer Tonlage heller. Dieses kommt aus der erhöhten Spannung im Körper, in der Kehlkopf- und Sprechmuskulatur, aber auch in der gesamten Skelettmuskulatur. In Stresssituationen wird oft in schnellem Tempo ein Satz, ohne Punkt und Komma an den nächsten gereiht. Das stresst nicht nur Sie, sondern auch Ihr Gegenüber. Die Atmung geht bei Stress schnell und flach. Die so genannte Hochatmung, bei der nur in den Brustbereich geatmet wird, trägt dazu bei, dass Druck auf den Kehlkopf entsteht. Die Luft ist schneller verbraucht als bei der Tiefenatmung, was zu mehr Erregung führt, was zu schnellerer Einatmung führt, zu mehr Druck...... ein Teufelskreis.

In entspannter Stimmung klingt unsere Stimme ruhiger und tiefer als in emotional hochgepuschten Situationen. Unsere innere, wohlgespannte Haltung klingt nach außen. In Stresssituationen hilft es daher erst einmal ruhig zu werden, mit einer ruhigen Zwerchfellatmung/Tiefenatmung zu mehr Entspannung zu kommen, denn dieses überträgt sich auf die Stimme. Die Tiefen- oder Zwerchfellatmung ist am besten schon im Vorfeld zu trainieren, damit diese in Stresssituationen zur Verfügung steht.

Die Stimmtrainerin Heike Kelm (www.flora-silikat.de) empfiehlt:

- Zur Vorbeugung: Achten Sie darauf, ausreichend zu trinken. Am besten Stilles Wasser - auch aus der Leitung. Das bewahrt die Stimmbänder vor dem Austrocknen.
- Außerdem können Sie zur Übung täglich summen, singen und pfeifen und beim Kauen Ihre gesamte Mundmuskulatur beteiligen (aber nicht überanstrengen).
- Wenden Sie die Zwerchfelltiefatmung (Flankenatmung od. Vollatmung) an. Diese gewährleistet die atemrhythmisch angepasste Phonation.
- Atmen Sie <u>nicht</u> tief ein, bevor Sie zu sprechen beginnen. Sie haben immer genug Luft für den Sprechbeginn. Mit dem vermeintlichen „Tief Luft holen" erreichen Sie nur, dass Sie zuviel Luft haben, die genauso schnell wieder raus muss. Gerade bei stressigen Gesprächen: Dampf ablassen - Ausatmen auf ffff - „Es" atmen lassen und dann sprechen (siehe „Übung für die Tiefenatmung").
- Für sinnvolles, vom Gegenüber gut zu verstehendes Sprechen ist es wichtig, Pausen zu machen. Diese sind am Ende eines jeden Satzes und werden für die Einatmung genutzt. Beobachten Sie einmal, wie Sie oder Nachrichtensprecher (besser an den öffentlich/rechtlichen orientieren) sprechen. Meist geschieht dieser Ablauf: Sprechen, Pause, einatmen, sprechen ... ganz automatisch.
- Sprechen Sie in Ihrem Eigenton (Indifferenzlage). Das ist die Stimmlage, in der Ihre Stimme gut klingen kann, die beim Sprechen am wenigsten anstrengt und am angenehmsten wirkt. Weil der Eigenton authentisch und entspannt klingt, erzeugt er bei neun von zehn Zuhörern Wohlwollen für den Sprecher. Eine zu tiefe oder zu hohe Stimmlage führt hingegen zu einer größeren Anspannung der Sprechwerkzeuge, die sich auf die Zuhörenden überträgt. Im Idealfall pendeln wir beim Sprechen um den Eigenton herum und finden immer wieder zu ihm zurück.
- Die „richtige" Körperhaltung strahlt Selbstsicherheit aus, welche auch hörbar ist. Eine offene, gelöste Haltung, mit den Füßen im Boden verwurzelt, einer aufrechten Wirbelsäule und dem Kopf über dem Körper wirkt sich auf Ihr Stimmvolumen aus. Vermeiden Sie Verspannungen oder Unterspannung der Körpermuskulatur. Sorgen Sie für eine so genannte Wohlspannung oder Eutonie des Körpers.

2.3.3   Taktil

„Man bindet die Kuh fest, ehe man zu melken beginnt."
Südafrikanisches Sprichwort

Taktile Wahrnehmung (lat. Tangere: berühren) ist das Erkennen von Druck, Berührung und Vibrationen über die Haut. Die Akzeptanz von Berührungen ist vom Ausmaß der Erregung abhängig. In emotional gespannten Situationen sollte jeglicher Körperkontakt unterlassen werden, da dieser als Aggression oder als Angriff gewertet werden könnte. Schubsen Sie auf keinen Fall zurück, wenn Sie geschubst werden. Dies ist der Beginn der taktilen Gewaltspirale. Es ist eine Vorstufe, bevor geschlagen und getreten wird. Lassen Sie sich nicht auf dieses „Spielchen" ein!

In aggressiv gespannten Situationen sollten Sie sich außerhalb der unmittelbaren Schlagdistanz befinden und darauf achten, dass sich z.B. ein Tisch als Barriere zwischen dem Aggressor und Ihnen befindet. Dies erschwert zwar die Gesprächsituation, erhöht aber den Eigensicherungsaspekt. Der Sicherheitsabstand (persönliche Distanzzone) ist kulturell und individuell festgelegt. Die persönliche Distanzzone liegt bei ca. einem Meter. Der räumliche Abstand zwischen den Kommunikationspartnern sollte ausreichend groß sein, da jegliches Eindringen in die Distanzzone als Bedrohung aufgefasst werden kann. Dem Aggressor sollte nie der Rücken zugedreht werden, um immer sehen zu können, was er macht. Ein gut sichtbares Nähern verringert die Wahrscheinlichkeit eines bedrohlichen Eindruckes.

Das Berühren ist ganz klar eine Grenzüberschreitung und kann unter Umständen juristisch als Körperverletzung oder Bedrohung gewertet werden. Sie haben also das Recht, dies anzuzeigen.
Versuchen Sie, auch in diesen Hoch-Stress-Situationen, ruhig zu bleiben und behalten Sie Ihre neutrale **Geistes- und Körperhaltung**. Eine Möglichkeit: Wenn Sie geschubst werden, nehmen Sie die Kraft auf und stellen sich in einer neutralen Körperhaltung außerhalb der Schlagdistanz in 90 Grad zum Gegenüber. Schauen Sie dabei Ihr Gegenüber an, ohne abwertend oder ängstlich zu wirken. Lassen Sie die Arme locker neben dem Körper hängen. Dies nimmt dem Gegenüber oft den „Wind aus den Segeln" und Sie kommen wieder eine Stufe tiefer, zurück in die verbale Phase.

2.4   Deeskalationsstrategien

Deeskalation ist Strategie; oder mit den Worten eines berühmten Fuß-
ballers: „... ist wie Schach, nur ohne Würfel." Seien Sie flexibel und
schauen Sie über den eigenen Tellerrand. Zur Übung verbinden Sie
diese 9 Punkte mit 4 Geraden, ohne den Stift abzusetzen. (Die Lösung
und andere kostenlose Informations-Dateien sind auf
www.baer-sch.de unter „Service" zu finden.)

o   o   o

o   o   o

o   o   o

Es ist wichtig, die Kontrolle über sich selbst und auch über die Situation zu bewahren. Nicht die Aggressoren sollen kontrolliert werden. Mögliche Konsequenzen sollten ohne die Verwendung von Drohungen aufgezeigt werden. Dem Aggressor müssen die Auswirkungen seines Verhaltens verdeutlicht werden, damit er
sein altes Verhalten ablegen kann. Die Kontrahenten sollten die Möglichkeit erhalten, sich zurückzunehmen, ohne ihr Gesicht zu verlieren. Klagende Monologe
sollen vermieden werden und die Einhaltung der sprachlichen und nicht-sprachlichen Kommunikationsregeln sollten beachtet werden. Zudem sollte eine Aufzählung möglicher Lösungen erfolgen, um dem Aggressor Handlungsalternativen zu
veranschaulichen, die er in seinem erregten Zustand nicht mehr wahrnimmt. Zugeständnisse können nur in Bereichen erfolgen, die das Verhalten des Aggressors
nicht verstärken.

2.4.1　(Eigen-)Deeskalation

*Es gibt immer wenigstens zwei Möglichkeiten: Ist das Glas nun halb-
leer oder halbvoll. Zeigt dieses Bild eine junge oder eine alte Frau?*

Vorbereiten! Bereiten Sie sich auf mögliche Bedrohungssituationen seelisch vor.
Spielen Sie Situationen für sich allein und im Gespräch mit anderen durch. Lesen
Sie Bücher wie dieses und besuchen Sie Seminare zu den Themen Kommunikation und Deeskalation. Werden Sie sich grundsätzlich darüber klar, zu welchem
persönlichen Risiko Sie bereit sind. Es ist besser, sofort die Polizei zu alarmieren
und Hilfe herbeizuholen, als sich nicht für oder gegen das Eingreifen entscheiden
zu können und gar nichts zu tun.

Ruhig bleiben! Panik und Hektik vermeiden und möglichst keine hastigen Bewegungen machen, die reflexartige Reaktionen herausfordern können. Wenn Sie „in
sich ruhen", sind Sie kreativer in Ihren Handlungen und wirken auch auf andere
Beteiligte entspannend. Konzentrieren Sie sich darauf, das zu tun, was Sie sich
vorgenommen haben. Lassen Sie sich nicht ablenken von Gefühlen wie Angst
oder Wut.

Haltung bewahren! Ein eigener sicherer Stand (z.B. Beine hüftbreit auseinander,
locker in den Knien) sorgt dafür, dass eventuellen körperlichen Attacken ausgewi-
chen und man selber nicht leicht umgestoßen werden kann. Bei einem festen
Stand klingt die Stimme auch fest und selbst-sicher.

Auf die eigene Notsituation aufmerksam machen. Viele potentielle Helfer greifen nicht ein, weil sie unsicher sind, wie sie die Situation einschätzen sollen. Ist wirklich eine Person in Gefahr oder handelt es sich um einen etwas herben Umgangston unter Freunden? Sagen Sie daher laut und deutlich, dass Sie sich belästigt oder bedroht fühlen. Manchmal kann eine so klare Ablehnung sogar die Täter beeindrucken, so dass diese von Ihnen ablassen. Wenn Sie selbst Opfer sind, und merken, dass Sie nicht alleine aus der Situation herauskommen können, sprechen Sie andere Anwesende ganz gezielt an: „Ich werde hier belästigt, Sie in der roten Jacke, können Sie bitte die Polizei rufen."

Die Täter mit „Sie" ansprechen, um die Distanz auch Außenstehenden deutlich zu machen. Das ist besonders wichtig bei Frauen, die von Männern belästigt werden und bei denen die Umstehenden auf die Idee kommen könnten, es handele sich um eine Beziehungskrise.

Gehen Sie aus der Ihnen zugewiesenen Opferrolle! Wenn Sie angegriffen werden: Flehen Sie nicht und verhalten Sie sich nicht unterwürfig. Seien Sie sich über Ihre Prioritäten im Klaren und zeigen Sie deutlich, was Sie wollen. Seien Sie „pro-aktiv"! Warten Sie nicht, bis Sie zum Reagieren gezwungen sind, sondern ergreifen Sie frühzeitig die Initiative. „Schreiben Sie Ihr eigenes Drehbuch!"

Nicht drohen oder beleidigen! Machen Sie keine geringschätzigen Äußerungen über den Angreifer. Versuchen Sie nicht, ihn einzuschüchtern, ihm zu drohen oder Angst zu machen. Erheben Sie nicht Ihre Stimme! Signalisieren Sie nicht, dass Sie einen Angriff erwarten - sonst könnte er stattfinden! Drängen Sie die Person weder geistig noch körperlich „in die Ecke"!

Vermeiden Sie möglichst den Körperkontakt! Vermeiden Sie es möglichst, den Angreifer anzufassen. Körperkontakt ist in der Regel eine Grenzüberschreitung, die zu weiterer Aggression und zu einer Eskalation führt.

Tun Sie das Unerwartete! Fallen Sie aus der Rolle, seien Sie kreativ und nutzen Sie den Überraschungseffekt zu Ihrem Vorteil aus. Sprechen Sie mit sich selbst, täuschen Sie einen epileptischen Anfall vor, fangen Sie an die Wand zu beschimpfen, husten und würgen Sie usw., usw. Über 100 Anregungen sind in dem Buch „Verhindern Sie Gewalt" beschrieben.

2.4.2   Hawa–Mahal–Strategie

*„Das Denken für sich allein bewegt nichts, sondern nur das auf einen
Zweck gerichtete und praktische Denken." Aristoteles*

Diese Methode vom Autor Tim Bärsch wurde nach dem fünfstöckigen „Palast der
Winde" im Geburtsland von Mahatma Gandhi (1869 – 1948) benannt.
HAWA-MAHAL besteht aus fünf Einzelkomponenten, die aufeinander aufbauen
und zusammen eine strategische Abfolge zur Deeskalation ergeben.

HA: Die Basis dieser Strategie ist Ihre eigene geistige **Ha**ltung, die sich auch in der Körper-haltung spiegelt (siehe Kapitel „Geistes-haltung"). Auf diesem Fundament fußt die gesamte Methode. Ist das Fundament nicht fest, droht der Einsturz des gesamten Strategiepalastes. Um das Fundament sicher und fest zu haben, sollte Ihre Einstellung gegenüber anderen Menschen offen, ehrlich und wertschätzend sein.

WA: Ihre **Wa**hr-nehmung ist entscheidend, um Situationen richtig einschätzen zu können (siehe Kapitel „Wahr-nehmung" und „Filter und Bedürfnisse"). Auch Ihre Wahr-nehmung sollte offen sein und nicht von Vor-urteilen geprägt. Versuchen Sie so objektiv wie möglich Situationen einzuschätzen, Ihre Gefühle frühzeitig wahrzunehmen und Ihr Gegenüber einfühlend zu verstehen (Empathie).

MA: Sobald Sie in einer Situation sind, sollten Sie verschiedene **ma**chbare Alternativen zur Verfügung haben. Wenn Sie als Werkzeug nur einen Hammer haben, können Sie nur mit Nägeln umgehen. Je mehr Werkzeuge Sie im Werkzeugkoffer zur Verfügung haben, desto mehr „Probleme" können Sie bearbeiten. In der Deeskalation und in der Kommunikation ist dies genau so. Gehen Sie geistig oder körperlich (z.B. in Rollenspielen) verschiedene Wahlmöglichkeiten durch und überprüfen Sie, ob es für Sie eine machbare Alternative werden könnte.

HA: Die **Ha**ltung Ihres Körpers ist ein wichtiger Faktor in der Kommunikation und Deeskalation. Wenigstens 55 % Ihrer Botschaft werden durch Ihren Körper dem Gegenüber mitgeteilt (siehe Kapitel „Kommunikationstheorien" und „Körpersprache"). Wenn Sie nicht sprechen, sogar 100%. Da Sie Ihre Körper-haltung nie perfekt unter Kontrolle haben, sollte Ihre Geistes-haltung wertschätzend sein, um dadurch wiederum eine wertschätzende Köper-haltung zu haben.

L: Die oberste Etage dieser Strategie ist die **L**ogik des Inneren, Ihre Intuition oder Ihr Bauchgefühl. Sie verarbeiten unbewusst viel mehr Informationen als bewusst. Ihr Unbewusstes hat mehr Informationen als Sie, kann deshalb die Lage besser überblicken und signalisiert diese Informationen durch Gefühle an Sie weiter (siehe Kapitel „Ihr Bauchgefühl"). Hören Sie deshalb, gerade in Stresssituationen, auf Ihr Bauchgefühl.

2.4.3   Zivilcourage

*„Das in unserer Gesellschaft Taten mehr als Worte zählen, erkennt je-
der daran, dass Maurer und Landwirte so viel mehr verdienen als Politiker und Manager."*

Der Begriff **Zivilcourage** setzt sich aus den beiden Wörtern zivil (lateinisch civi-
lis, 1. bürgerlich – nicht militärisch, 2. anständig, annehmbar) und courage (fran-
zösisch, Beherztheit, Schneid, Mut) zusammen. Er kann als bürgerlicher, anstän-
diger Mut übersetzt werden. Gewalt und Übergriffe finden tagtäglich in der Schule, am Arbeitsplatz, auf der Straße, in der Bahn, in der Kneipe usw. statt. Viele
Menschen reagieren verunsichert und schauen oder hören einfach weg. Sie fördern und verstärken damit unabsichtlich ein Klima von Gewalt.

Laut den Medien nimmt die Gewalt immer mehr zu. Sollen wir aber bei soviel
Gewalttätigkeit und so wenig Zivilcourage etwa am besten zu Hause bleiben? Sie
werden uns zustimmen, dass Autos am sichersten in der Garage sind. Aber dafür
sind sie nun einmal nicht gebaut. So verhält es sich auch bei dem Menschen.

2.4.4   (Fremd-)Deeskalation

*„Wir sind nicht nur verantwortlich für das, was wir tun, sondern auch
für das, was wir nicht tun." Moliére*

*„Unsere Zweifel sind Verräter am Guten, das wir erringen könnten,
wenn wir den Versuch nicht fürchten würden." William Shakespeare*

Schauen Sie bei Notsituationen und Straftaten nicht einfach weg!

Sich selbst schützen. Eigenschutz ist das oberste Gebot für den Helfer. Niemand
sollte sich selbst in Gefahr bringen. Denn wenn Sie selbst zum Opfer werden, ist
niemandem geholfen.

Situation einschätzen. Bevor Sie einschreiten, sollten Sie die Situation kurz über-
denken. Sind Sie der Sache gewachsen? Welche Hilfsmöglichkeiten haben Sie?
Wer kann Sie unterstützen? Was ist von den Tätern zu erwarten? Diese Überlegungen sollen Sie davor schützen, sich aus einem gut gemeinten Impuls selbst in

Gefahr zu bringen. Wichtig ist, sich von der Angst nicht lähmen zu lassen. Eine Kleinigkeit zu tun ist besser, als über große Heldentaten nachzudenken. Wenn Sie Zeuge von Gewalt sind: Zeigen Sie, dass Sie bereit sind, gemäß Ihrer Möglichkeiten einzugreifen. Ein einziger Schritt, ein kurzes Ansprechen, jede Aktion verändert die Situation und kann andere dazu anregen, ihrerseits einzugreifen. Fragen Sie bei dem vermeintlichen Opfer nach, ob es unterstützt werden möchte. Im Extremfall geraten Sie sonst in eine heftige Paarstreitigkeit; wobei sich das Paar wieder vereinigt, weil es einen gemeinsamen Feind hat – nämlich Sie!

Nicht alleine handeln. Erwarten Sie nicht, dass ein anderer hilft. Je länger Sie zögern, desto schwieriger wird es, einzugreifen. Wenn möglich, fordern Sie andere Anwesende auf mit zu helfen. Viele der Anwesenden sind wahrscheinlich unsicher, was sie tun sollen, und warten ab, was die anderen machen. Durchbrechen Sie diese Passivität. Sprechen Sie andere Menschen ganz konkret an und bitten Sie um Unterstützung: „Entschuldigung, Sie in der roten Jacke, rufen Sie bitte die Polizei." Oder: „Kommen Sie bitte mit mir, um die Situation zu entschärfen." Sprechen Sie laut. Ihre Stimme gibt Ihnen Selbstvertrauen und ermutigt andere zum Einschreiten.

Das Opfer aus der Situation befreien. Versuchen Sie, den Bedrängten aus dem Geschehen herauszuholen. Sprechen Sie das Opfer freundlich an und bieten Sie ihm an, es zu begleiten. „Entschuldigung, wollen Sie sich vielleicht zu mir setzen?" Oder: „Sollen wir gemeinsam an der nächsten Station aussteigen?" Außerdem sollten Sie als Geste des Entgegenkommens im wahrsten Sinne des Wortes dem Opfer die Hand reichen. Viele Menschen, die in Bedrängnis sind, versuchen sich einzukapseln und bekommen daher Ihr Hilfsangebot vielleicht gar nicht mit. Die dargebotene Hand werden sie aber gerne ergreifen. Nehmen Sie Blickkontakt zum Opfer auf. Das vermindert seine Angst. Sprechen Sie das Opfer direkt an: „Ich helfe Ihnen".

Nicht den Tätern provozieren. Machen Sie keinen ängstlichen oder unsicheren Eindruck! Vermeiden Sie eine herablassende, arrogante Haltung! Die erste Reaktion bei vielen Menschen, die helfen wollen, ist, die Täter anzusprechen und sie mehr oder weniger aggressiv zum Aufhören aufzufordern. Doch die Gefahr ist extrem groß, dass dadurch die Situation eskaliert. Die Täter sehen in dem Helfer schnell einen neuen Gegner. Im ungünstigen Fall entlädt sich dann die Aggressivität gegen Sie. Daher sollten Sie die Täter weder sprachlich noch tätlich angreifen.

Wenn Sie sie ansprechen wollen, dann möglichst ruhig. Und bleiben Sie bei einem höflichen „Sie". Spielen Sie nicht den Helden und begeben Sie sich nicht unnötig in Gefahr. Setzen Sie keine Waffen ein, diese führen häufig zur Eskalation. Lassen Sie der Person immer einen Fluchtweg offen! Erlauben Sie der Person zu fliehen, wenn sie es möchte und behalten Sie sie im Auge.

Aufmerksamkeit und Hilfe. Ein gute Möglichkeit, aus dem Hintergrund und von den Tätern unbemerkt, zu helfen: Rufen Sie die Polizei oder informieren Sie das Personal oder den Sicherheitsdienst des Bahnunternehmens. Die Polizei erreichen Sie sowohl vom Festnetz als auch vom Handy unter der Rufnummer 110. Beim Handy funktioniert diese Notrufnummer sogar, ohne dass eine SIM-Karte eingelegt oder die PIN-Nummer eingegeben ist. Auch an einem Telefonhäuschen ist die Notrufnummer kostenlos. In vielen Bahnen sind außerdem interne Notruf-einrichtungen installiert. Über eine Gegensprechanlage wird man dann direkt mit dem Fahrer oder einem Sicherheitsbeamten verbunden. Auf der Straße: Schreien Sie laut, am besten „Feuer!!!", darauf reagiert jeder. Findet der Vorfall in der U-Bahn statt, lassen Sie sich durch den Hinweis „Missbrauch strafbar" auf der Not-bremse nicht einschüchtern. Es liegt ganz klar eine Notsituation vor, daher können Sie sie getrost ziehen. Dabei ist wichtig zu wissen, dass die Notbremse in einem U-Bahn-Wagen keine sofortige Zwangsbremsung auslöst. Das wäre zu gefährlich, denn so könnte der U-Bahn-Wagen mitten im Tunnel stehen bleiben. Dort wäre er dann nur schwer zugänglich, was zum Beispiel bei einem Feuer fatal wäre. Statt-dessen aktiviert die Notbremse beim Fahrer ein Signal, worauf dieser an der nächsten Station hält und dann dort die Situation klärt.

Kümmern Sie sich um das Opfer und leisten Sie ggf. „Erste Hilfe". Die Erstver-sorgung des Opfers ist wichtiger als die Strafverfolgung des Täters. Ein „Schock" wird oft unterschätzt, kann aber lebensgefährlich sein. Als Person im Pflegebereich haben Sie meist mehr Wissen als der Durchschnittsbürger. Nutzen Sie dieses Wissen in Notsituationen.

Als Zeuge aussagen. Auch wenn Sie während der Situation nicht aktiv werden konnten, sollten Sie sich hinterher als Zeuge zur Verfügung stellen. Sie können dadurch helfen, dass die Täter gefunden und überführt werden.

2.5   Berufliche Deeskalation

*„ Willst Du den Charakter eines Menschen erkennen, so gib ihm
Macht." Abraham Lincoln*

Gewalt am Arbeitsplatz wird definiert als: „in Zusammenhang mit der Arbeit stehende Ereignisse - einschließlich des Weges von und zur Arbeit -, bei denen Mitarbeiter beschimpft, bedroht oder angegriffen werden und die eine ausgesproche-
ne oder unausgesprochene Drohung gegen deren Sicherheit, Wohlergehen oder
Gesundheit beinhalten."

Ein gefährliches Umfeld findet sich größtenteils im Dienstleistungssektor und
insbesondere in Betrieben des Gesundheits-, Verkehrs-, Einzelhandels-, Finanz-
und Bildungssektors. Der Kontakt mit „Kunden" erhöht das Risiko, Gewalt
ausgesetzt zu sein. Das Gesundheitswesen und der Einzelhandel sind nach
Angaben der EU die am meisten gefährdeten Branchen.

9% der Arbeitnehmer sind psychischer Gewalt und 2% sexuellen Belästigungen
ausgesetzt. Überträgt man diese Werte auf die 40,3 Millionen Erwerbstätigen im
Jahr 2000 in Deutschland, dann bedeutet dies, dass ca. 1,6 Millionen Beschäftigte
von physischer Gewalt und ca. 3,6 Millionen von psychischer Gewalt am
Arbeitsplatz betroffen sind.

Insbesondere in den Einrichtungen des Gesundheitswesens kommt den Themen
Gewalt und Machtausübung eine besondere Bedeutung zu. Dies liegt zum einen
darin begründet, dass dort, wo Menschen in außergewöhnlichen Lebenssituationen auf andere angewiesen sind und eine extreme körperliche Nähe
gegeben ist, die Überschreitung gewisser Grenzen eher möglich ist als in anderen
Berufen.

Pflegekräfte in psychiatrischen Einrichtungen gehören neben dem Strafvollzugs-
beamten und dem Polizisten zu den Top-Drei der am meisten von Gewalt
betroffen Berufsgruppen. So werden rund 40% der Arbeitsunfälle in
psychiatrischen Einrichtungen durch körperliche Angriffe bei der Arbeit
verursacht. Vor allem das Pflegepersonal ist der Gewalttätigkeit von Patienten oft

unmittelbar ausgesetzt. Diese reicht von Beschimpfungen, über Kratzen, Beißen, Schlagen und an den Haaren reißen bis zu schweren körperlichen Verletzungen. Für den Bereich der Psychiatrie (stationäre Kliniken) wurde in Deutschland für das Jahr 1997 eine Häufigkeit von 11.280 gewalttätigen Übergriffen hochgerechnet, was im Durchschnitt über 30 Fällen pro Tag entspricht.

Die NEXT-Studie (Institut für Sicherheitstechnik, Fachgruppe Pflegeforschung / Bergischen Universität Wuppertal) zeigt, dass insbesondere in Psychiatrien (70,3) und in Alten- und Pflegeheimen (69,1) Pflegefachkräfte sehr häufig mit aggressiven und/oder unfreundlichen Patienten konfrontiert sind. Im Vergleich eher niedrig die Konfrontation mit solchen Patienten im Bereich der ambulanten Dienste (52,9). Betrachtet man die Anteile der Befragten, die **immer** mit solchen Patienten konfrontiert sind, so ist dies in Alten- und Pflegeheimen jede vierte (26%) und in Psychiatrien jede fünfte (21%) Pflegefachkraft. Diese stetige Konfrontation steigert die emotionale Belastung der Fachkräfte nachweislich und hat einen deutlichen Einfluss auf das Burnout-Erkrankungsrisiko.

Der UKBW (Unfallkasse Baden-Württemberg) wurden im Jahr 2001 ca. 5300 zu entschädigende Unfälle aus den Bereichen Alten- und Pflegeheime, Krankenhäuser, Universitätskliniken und Psychiatrische Krankenhäuser gemeldet. Nach einer Auswertung von 1200 Unfällen wurden etwa 5% der Unfälle durch Patientenübergriffe verursacht. Fokussiert man das Unfallgeschehen auf Wohnbereiche und Stationen liegt der Anteil von Patientenübergriffen bei ca. 11%. In Fachkliniken für Psychiatrie und Kreispflegeheimen sind Tätlichkeiten gegen Mitarbeiter sogar hauptsächlicher Unfallschwerpunkt. Der Anteil von Übergriffen an der Gesamtzahl der gemeldeten Arbeitsunfälle beträgt hier bis zu 50%.

Die meisten gemeldeten Versicherungsfälle bei der BGW (Berufsgenossenschaft für Gesundheitsdienst und Wohlfahrtspflege) im Jahr 2002 stammen von Beschäftigten in Altenpflege- und Altenkrankheimen, gefolgt von allgemeinen Krankenhäusern und ambulanten sozial-pflegerischen Diensten. Auffällig hoch (10,3%) ist die Anzahl der Unfälle, die durch verwirrte, aggressive oder begrenzt zurechnungsfähige Menschen verursacht werden. Hier betreffen die häufigsten Meldungen Beschäftigte der stationären Altenpflege gefolgt von Beschäftigten in Werkstätten für behinderte Menschen.

2.5.1 Arbeitgeberpflichten

„Wenn ein Weiser in Wut gerät, verliert er seine Weisheit." Jüd. Weisheit

In Bezug auf Ihre Sicherheit und das Thema Deeskalation an Ihrem Arbeitsplatz sollten Sie sich einige Gedanken machen:
Wie weit bin ich bereit zu gehen? Beschütze ich das Eigentum meines Arbeitgebers genau so wie das Leben meiner Familie? Welche Kleidung sollte ich anziehen und besonders welches Schuhwerk? Welchen Schmuck möchte ich und darf ich tragen? Was erlaubt mein Arbeitgeber? Darf ich in Gefahrenfällen meinen Arbeitsplatz ohne negative Konsequenzen verlassen?
Hier sind Klärungen wichtig!

Was kann Ihr Arbeitgeber für Sie tun? Welche Fortbildungen muss oder sollte Ihr Arbeitgeber bezahlen oder bei welchen muss er Sie freistellen? Wie viele Fortbildungstage stehen Ihnen zu? Gibt es vielleicht interne Fortbildungen zum Thema Deeskalation? Haben Sie ein Recht auf Supervisionen? Muss Ihr Arbeitgeber Hepatitis A und B -Impfungen bezahlen?
Auch hier sind Klärungen notwendig!

Das Arbeitsschutzgesetz ist die nationale Umsetzung der Richtlinie 89/391/EWG des Rates vom 12. Juni 1989 über die Durchführung von Maßnahmen zur Verbesserung der Sicherheit und des Gesundheitsschutzes der Arbeitnehmer bei der Arbeit. In Deutschland ist der Arbeitgeber gem. § 3 des Arbeitsschutzgesetzes verpflichtet, „eine Verbesserung von Sicherheit und Gesundheitsschutz der Beschäftigten anzustreben" und nach § 21 Abs.1 des Sozialgesetzbuches VII neben „der Verhütung von Arbeitsunfällen und Berufskrankheiten auch die Verhütung von arbeitsbedingten Gesundheitsgefahren" zu gewährleisten. Unterstützung geben dabei, entsprechend der §§ 14 und 17 des Sozialgesetzbuches VII die Unfallversicherungsträger und entsprechend des § 20 des Sozialgesetzbuches V die Krankenkassen, die beide ihrerseits zur Zusammenarbeit verpflichtet sind. Gem. § 618 BGB hat der Dienstberechtigte „Räume, Vorrichtungen oder Gerätschaften, die er zur Verrichtung der Dienste zu beschaffen hat, so einzurichten und zu unterhalten und Dienstleistungen, die unter seiner Anordnung oder seiner Leitung vorzunehmen sind, so zu regeln, dass der Verpflichtete gegen Gefahr für Leben und Gesundheit soweit geschützt ist, als die Natur der Dienstleistung es gestattet."

Die Unfallverhütungsvorschriften (UVV) (seit 2000: Vorschriften für Sicherheit und Gesundheitsschutz, VSG) stellen die für jedes Unternehmen und jeden Versicherten der gesetzlichen Unfallversicherung verbindliche Pflichten bezüglich Sicherheit und Gesundheitsschutz am Arbeitsplatz dar. Gem. § 2 der UVV hat der Unternehmer die erforderlichen Maßnahmen zur Verhütung von Arbeitsunfällen, Berufskrankheiten und arbeitsbedingten Gesundheitsgefahren sowie für eine wirksame Erste Hilfe zu treffen. Abgestimmt auf das Risiko von Übergriffen gegenüber Mitarbeitern sind bauliche und technische Maßnahmen zu beachten. Dazu gehören z.B. die Übersichtlichkeit in Patientenzimmern, Stationen und Fluren, Einhaltung von Brandschutzbestimmungen, ausreichende Beleuchtung, Zugang zu gefährlichen Gegenständen sowie die Sicherheit von Glasflächen.

Das Arbeitsschutzgesetz verpflichtet den Arbeitgeber zu einem präventiv ausgerichteten und ganzheitlichen Arbeitsschutz und zur Entwicklung hierfür geeigneter innerbetrieblicher Strukturen inklusive der Bereitstellung der erforderlichen Mittel (§ 3 Absatz 2; § 4 Absatz 4 und § 5 Arbeitsschutzgesetz). Der Arbeitgeber hat bei den Maßnahmen des Arbeitsschutzes von folgenden allgemeinen Grundsätzen auszugehen:
- Die Arbeit ist so zu gestalten, dass eine Gefährdung für die Gesundheit möglichst vermieden und eine verbleibende Gefährdung, soweit möglich, gering gehalten wird.
- Gefahren sind an ihrer Quelle zu bekämpfen.
- Bei den Maßnahmen sind der Stand von Technik, Arbeitsmedizin und Hygiene sowie sonstige gesicherte arbeitswissenschaftliche Erkenntnisse zu berücksichtigen.
- Die Maßnahmen sind mit dem Ziel zu planen, Technik, Arbeitsorganisation, sonstige Arbeitsbedingungen, soziale Beziehungen und Einfluss der Umwelt auf den Arbeitsplatz sachgerecht zu verknüpfen.
- Allgemeine Schutzmaßnahmen sind vorrangig vor individuellen Schutzmaßnahmen zu treffen.
- Spezielle Gefahren für besonders schutzbedürftige Beschäftigtengruppen sind zu berücksichtigen. Hierzu zählen unter anderem Jugendliche und schwangere Frauen.
- Den Beschäftigten sind geeignete Anweisungen zu erteilen.

Da Gewalt und Aggression typische Gefährdungen für Mitarbeiter darstellen, müssen zu diesem Themenkomplex Schutzmaßnahmen ergriffen werden. Diese sind regelmäßig auf ihre Wirksamkeit zu überprüfen, zu optimieren und müssen in die betrieblichen Strukturen implementiert werden. Gewalt am Arbeitsplatz hat nicht nur erhebliche Belastungen für das Individuum, sondern auch substanzielle Kosten für die Organisation, und zwar in Form von häufigerem und längerem Fehlen von Mitarbeitern am Arbeitsplatz, Sinken der Arbeitszufriedenheit, höheren Kündigungsraten und Rückgang der Produktivität zur Folge. Eine britische Studie von 1998 hat gezeigt, dass jährlich 3,3 Millionen Arbeitsstunden durch Gewalt am Arbeitsplatz verloren gingen. Der Einsatz Ihres Unternehmens gegen Gewalt am Arbeitsplatz hat daher nicht nur betriebswirtschaftlichen, sondern auch volkswirtschaftlichen Nutzen.

Maßnahmen zum Schutz sollten in einer verbindlichen Form festgeschrieben werden. Wesentliche Inhalte sind:
- Null-Toleranz gegenüber Aggressionen und Gewalt
- Schutz der Mitarbeiter
- Betreuung Betroffener
- Verfolgung von Straftaten
- Dokumentation von Vorfällen

2.5.2   Gewaltvorbeugung

„Meine Meinung steht fest. Bitte verwirren Sie mich nicht mit Tatsachen." Lieblingssatz von Lehrern und Politikern

Das Programm *„Gewaltfreier Arbeitsplatz"* setzt sich aus folgenden Maßnahmen zusammen:

1. Einrichtung eines Steuerungskreises sowie eines oder mehrerer Arbeitszirkel
2. Durchführung einer Gefährdungsbeurteilung (Kontrolle und Prävention der Gefährdung am Arbeitsplatz, Ableitung und Umsetzung von Maßnahmen und Empfehlungen)
3. Unterweisung, Training, Schulung
4. Vorfallsberichterstattung
5. Maßnahmen nach Übergriffen
6. Aktenaufbewahrung

Wichtige andere Punkte sind:

Das Arbeitsumfeld:
• Prüfung der technischen Sicherheitsmaßnahmen, z. B.: Schlösser der Eingangstüren, Schutzwände, angemessene Beleuchtung, Empfangsschalter, Notausgänge, Installation von Videoüberwachungssystemen, Alarmsysteme, Türen mit Zugangscode, Vermeidung oder Begrenzung von Bereichen ohne Ausgang oder Gegenständen, die als Geschoss dienen könnten
• Bereitstellung besserer Sitzgelegenheiten, Innenausstattung, regelmäßige Information über Verspätungen usw.

Die Arbeitsorganisation:
• regelmäßiges Wegbringen von Bargeld und Wertgegenständen, Einsatz von bargeldlosen Alternativen
• Warteschlangenmanagement und –verkürzung
• ausreichendes Personal
• kundenfreundliche Öffnungszeiten
• Überprüfung der Ausweispapiere von Besuchern
• gegebenenfalls Begleitung des Personals
• Vermeidung von Einzelarbeitsplätzen und falls dies nicht möglich ist, dauernder Kontakt mit solchen Beschäftigten
• Verbesserungen beim Empfang und der Besucher- bzw. Kundeninformation

Die Ausbildung des Personals:
• Erkennen unannehmbaren Verhaltens und früher Anzeichen für Aggression des Personals
• Bewältigung schwieriger Situation mit Kunden
• Einhaltung von Sicherheitsvorschriften, Sicherstellung einer angemessenen Kommunikation, Abbau der Aggressionen einer anderen Person, Ermittlung der Kunden mit einer gewalttätigen Vergangenheit
• Vermeidung von Stresssituationen

2.5.3 Berufliche Deeskalations-kommunikation

Oberarzt zum neuen Assistenzarzt: „Na, wie war Ihre erste Operati-
on?" - „Oh, ich dachte, ich sollte eine Obduktion durchführen!"

Komplexe Arbeitsfelder entwickeln spezifische Kulturen und Sprachen (Fachchinesisch). Dies spiegelt sich in der Kommunikation zwischen zwei Personen und auch in der Kommunikation zwischen Abteilungen und Berufsgruppen. In umfangreichen Befragungen in Krankenhäusern benannten fast 70 % der Ärzte und Pfleger die Verbesserung der Kommunikation als größten Einflussfaktor für eine bessere Sicherheit und Effektivität. Hier einige Hinweise, die Sie bei der beruflichen Kommunikation beachten sollten:

Seien Sie so lange wie möglich höflich, aufmerksam, zuvorkommend, freundlich, taktvoll und gesprächsbereit. Beleidigen Sie Ihr Gegenüber auf keinen Fall.
Reden Sie in einer Sprache, die Ihr Gegenüber versteht. Fragen Sie bei den dafür geeigneten Personen ruhig mal mit dem Wort: „Pinkeln?" nach, anstelle von „Möchten Sie vorher noch einmal urinieren?" Holen Sie die Leute dort ab, wo sie stehen.
Bleiben Sie sachlich und nehmen Sie Gespräche nicht persönlich. Reagieren Sie angemessen und fair. Versuchen Sie neutral zu bleiben und den Standpunkt und die Bedürfnisse des anderen zu erkennen.
Treten Sie bestimmt, klar und deutlich auf. Seien Sie in Wort, Ton und Körpersprache deckungsgleich. Dies vermittelt, dass Sie fachkundig, entschlossen und sich Ihrer Sache sicher sind. Nutzen Sie zur Not die Technik der kaputten Schallplatte und wiederholen Sie den selben Satz immer und immer wieder.
Seien Sie konsequent. Wenn Sie etwas androhen, sollten Sie es auch durchsetzen. Wenn Sie jemandem das Rauchen verbieten und dieser raucht weiter, wird dies oft zum Machtspiel. Wenn es Ihnen egal ist, so sollten Sie vorher nicht darauf aufmerksam machen.

Eine Methode für erfahrene Kollegen ist das **Mood-Matching** (engl. Stimmungsangleichung). Sie nähern sich ohne Aggression dem Erregungsniveau des aufgeregten Patienten an (pacen – im gleichen Schritt gehen). Sie bleiben aber ein wenig unter dem Erregungsniveau und versuchen dann das Maß der Erregung zu reduzieren (leaden – zu leiten). Im Idealfall geht der Patient (*oder Kollege*) in seinem Erregungszusatnd mit herunter.

2.5.4 Rechtliche Grundlagen

In den USA leben 70 % aller zugelassenen Rechtsanwälte. Deshalb ist dieses Land so gerecht!

Rechtliche Grundlagen können von Vorteil sein. Es kann aber auch zu Eskalationen führen, wenn man auf sein „Recht" besteht.

§ 618 Bürgerliches Gesetzbuch (BGB) verpflichtet den **Arbeitgeber,** Dienstleistungen unter seiner Leitung „so zu regeln, dass der/die Verpflichtete gegen Gefahr für Leben und Gesundheit so weit geschützt ist, als dass die Natur es gestattet". Dies ist in Bereichen, in denen mit Menschen gearbeitet wird, von besonderer Bedeutung. Besonders dann, wenn man mit Menschen arbeitet, welche sich in schwierigen Lebenssituationen wie Krankheit, Sucht, Arbeits- oder Obdachlosigkeit befinden. Auch die Arbeit mit Kindern, Jugendlichen und älteren Menschen birgt besondere Risiken. Doch in wie weit ist „das Leben und die Gesundheit" in ihrem Arbeitsbereich wirklich durch den Arbeitgeber geschützt? Wie steht es um Schulungen in Eigensicherungs-, Notwehr- und Nothilfetechniken? Wie wurde jeder Einzelne in Maßnahmen der Deeskalation geschult? Wie sicher ist der Arbeitsplatz durch bauliche Maßnahmen gegen Entweichungen oder Eindringen Fremder gesichert? Existieren Notrufsysteme? Wie weit werden die gesetzlichen Handlungsspielräume ausgeschöpft? Es liegt vor allem bei jedem selbst, sich durch Eigeninitiative auf den „Ernstfall", d.h. eine mögliche Eskalation vorzubereiten. Viel besser noch, sich so zu verhalten, dass Konflikte bereits vor der Eskalation entschärft werden. Hierzu zählt auch die Kenntnis der relevanten Rechtsgrundlagen samt der Rechte und Handlungsgrenzen jedes Einzelnen (siehe Kapitel „Arbeitgeberpflichten").

Wenn es zu einer Schlägerei gekommen ist, gibt es oft ein Opfer und einen Täter. **Strafrechtlich** wird vom Staat gegen den Täter ermittelt und dann kann der Täter verurteilt werden. Das Opfer hat aber gar nichts davon, außer ein wenig *Rache*. Es geht beim Strafrecht um Staat gegen Täter nach dem Strafgesetzbuch (StGB).
Möchte das Opfer Schadensersatz oder Schmerzensgeld, sollte es dieses **zivilrechtlich** einfordern. Dies geschieht meist über einen Anwalt (BGB).

Nach unserer **Rechtsprechung** (im Englischen bedeutet „justice" gleichzeitig Gerechtigkeit und Justiz) ist Gewalt körperlich wirkender Zwang, durch die Entfaltung von Kraft oder durch sonstige körperliche Einwirkung, die nach ihrer Stärke dazu geeignet ist, die freie Willensentschließung oder Willensbetätigung eines anderen zu beeinträchtigen (BGH NJW 1995, 2643), z.B. durch Niederschlagen. Im Strafrecht wird die Anwendung von Gewalt geahndet, z.B. bei Körperverletzungsdelikten. Gesetzlich sind Körperverletzungsdelikte Vergehen (Mindeststrafandrohung unter 1 Jahr) und Verbrechen (Mindeststrafandrohung wenigstens 1 Jahr), die unter die § 223 (Körperverletzung) und folgende Strafgesetzbuch (StGB) fallen. Diese Straftat muss von einem Menschen an einem anderen Menschen begangen werden. Weiter muss es sich um eine körperliche Misshandlung oder eine Gesundheitsbeschädigung handeln. Körperliche Misshandlung ist eine „üble unangemessene Behandlung, durch die das körperliche Wohlbefinden oder die körperliche Unversehrtheit [...] beeinträchtigt wird." Eine Gesundheitsbeschädigung ist „das Hervorrufen oder Steigern eines [...] krankhaften Zustandes."

Deeskalation sollte stets das Ziel sein; Gewaltvermeidung an erster Stelle stehen. Manchmal bleiben aber leider sämtliche Maßnahmen der Deeskalation wirkungslos, etwa bei einem direkten, unvermittelten Angriff. In solchen Fällen heißt es wie bei der Deeskalation: Handlungsfähig bleiben! Und handeln! **Notwehr** steht jedem Menschen zu, <u>egal ob privat oder beruflich</u>. Gem. § 32 StGB dürfen Sie sich verteidigen, wenn Sie angegriffen werden. Es sei denn, der Angriff war legal, z.B. wenn die Polizei Sie festnehmen möchte. Es muss hier ein verbotener Angriff unmittelbar bevorstehen, bereits begonnen haben oder noch andauern. Wenn dieser vorbei ist (z.B. der andere schlägt nicht mehr), ist es keine Notwehr, sondern eine Racheaktion und damit strafbar. Natürlich müssen Sie sich verhältnismäßig verhalten und dürfen nicht mit Kanonen auf Spatzen schießen (oder mit einer Pistole auf klauende Kinder). Bei starker Furcht könnten Sie sogar straffrei ausgehen, wenn Sie die Notwehr überschritten haben (§ 33 StGB).

Hausrecht ist ein notwehrfähiges Rechtsgut, aber immer nur mit dem mildesten zur Verfügung stehenden Mittel, um den Angriff abzuwenden, anzuwenden. Hausrecht besitzt, wer über die Benutzung von bestimmten Räumlichkeiten entscheiden darf (Art. 13 Grundgesetz). Der Hausrechtsinhaber kann mithin Personen verbieten, sich in seinen Räumen aufzuhalten und ein Hausverbot aussprechen. Das Hausrecht kann auch übertragen werden, z.B. an Angestellte oder Sicherheitsbedienstete.

Jeder Mensch ist dazu verpflichtet, einer Person Hilfe zu leisten, wenn die Situation es verlangt, jedoch ohne sich selbst oder andere unzumutbar zu schaden. Kleine Verletzungen und ein geschäftlicher Nachteil sind dabei nicht unzumutbar. Gem. § 323 c Strafgesetzbuch kann jemand wegen **unterlassener Hilfeleistung** bis zu 12 Monate Haft oder eine Geldstrafe bekommen. Bei Gericht werden natürlich die individuellen Fähigkeiten und Möglichkeiten berücksichtigt, d.h. Sie müssen nicht als 50kg-Person drei 2-Zentner-Bodybuilder körperlich davon abhalten, jemanden zu verprügeln. Aber Sie können telefonisch Hilfe holen, andere auf die Tat aufmerksam machen, Erste Hilfe leisten usw.

Das **Jedermann-Festnahmerecht** nach § 127 Abs. 1 Strafprozessordnung (StPO) gestattet es jedermann (auch Minderjährigen) eine Person festzunehmen, die auf frischer Tat bei einer Straftat erwischt wird und dessen Identität unklar ist. Danach darf auch körperliche Gewalt zur Eigensicherung angewendet werden. *(Ist aber recht kritisch!)* Kaufhausdetektive dürfen z.B. Kaufhausdiebe festhalten bis die Polizei kommt. Aber sie dürfen die Diebe nicht durchsuchen, das darf nur die Polizei. Wer aber den Straftäter persönlich kennt, darf ihn nicht vorläufig festnehmen – es sei denn, er ist verdächtig, sich den Strafverfolgungsbehörden zu entziehen. Dies muss aber auch nachvollziehbar bewiesen werden. Wichtig: Die Festnahme muss auf jeden Fall verhältnismäßig sein! Sonst kann auch der Festnehmende eine Anzeige wegen Körperverletzung und Freiheitsberaubung bekommen.

Wenn Sie in eine Eskalation geraten und Sie sich einer Straftat verdächtig (Körperverletzung, Beleidigung, Freiheitsberaubung usw.) gemacht haben, wird von Seiten der Polizei und Staatsanwaltschaft gegen Sie ermittelt.
Bei der **Polizei** müssen Sie nicht **aussagen**, aber sie können. Da gerade Eskalationen oft sehr undurchsichtig und emotional sind, ist es von Vorteil sich einen Anwalt zu nehmen. Sprechen Sie mit ihm erst den Sachverhalt durch, bevor Sie eine Aussage bei der Polizei machen. Die Anwaltskosten müssen in der Regel Sie selbst tragen.
Bei **Gericht** müssen Sie als Angeklagter nicht **aussagen**. Sie dürften sogar lügen, ohne dass Sie deshalb eine neue Straftat begehen. Der Richter kann dies aber bei der Strafzumessung berücksichtigen, d.h. Sie bekommen eine höhere Strafe.
Als Zeuge müssen Sie vollständig und wahrheitsgemäß aussagen, es sei denn Sie haben ein Aussageverweigerungsrecht (z.B. bei nahen Verwandten). Lügen Sie als Zeuge ist dies eine Falschaussage oder sogar Meineid (Mindeststrafe 1 Jahr Gefängnis).

2.5.5   Krankheiten

„Die Henne ist der Umweg eines Eies, ein anderes Ei zu erzeugen."
L. Sterne

Menschen mit bestimmten psychischen Störungen neigen eher zu aggressiven Tendenzen. Besonders häufig kann es bei folgenden Erkrankungen zu aggressiven Zwischenfällen kommen:

- Schizophrene Psychosen
- Manien
- Panik-/Angstattacken
- Demenz
- Alkoholentzugsdelir / -halluzinose
- agitierte Depression
- bestimmte Rauschmittelintoxikationen (z.B. Kokain, Amphetamine, Crack)
- somatische Erkrankungen (z.B. organische Demenzen, Frontalhirnsyndrom)
- Impulsdurchbrüche im Rahmen geistiger Behinderungen

Auf die vier zuerst genannten Störungen wird im Folgenden genauer eingegangen, um das Verständnis für gegebenenfalls auftretendes aggressives Verhalten zu erhöhen. Das ICD 10 (International Classification of Diseases and Related Health Problems 10.0) ist laienhaft ausgedrückt ein Krankheitenlexikon. Jede Krankheit wird von der Weltgesundheitsorganisation dort erfasst und bekommt einen Code.

Schizophrene Psychose (ICD 10 F20)
Kurzdefinition:
Als Psychosen des schizophrenen Formenkreises bezeichnet man Krankheitsbilder, welche durch Störungen der Wahrnehmung, des Denkens, der Ich-Funktion, der Affektivität sowie des Antriebs und der Psychomotorik gekennzeichnet sind.
Mögliche Ursachen für aggressives Verhalten:
Die für die schizophrenen Erkrankungen typischen Symptome Wahn, Halluzinationen und Affektstörungen können unter Umständen aggressives Verhalten begünstigen bzw. sogar auslösen. So fühlt sich ein Patient möglicherweise wahnhaft bedingt durch das Personal bedroht und ist der festen Überzeugung, sich dagegen wehren zu müssen. Auch Verkennungen sind möglich. Möglicherweise (v)erkennt ein Patient Personal als Teufel, Dämonen, Geheimagenten u.ä.

In der Folge „Entgleist" aus der US-Serie „Criminal Minds" werden Fahrgäste eines Zuges von einen Physiker als Geiseln genommen. Dieser glaubt, die Regierung würde ihn verfolgen und dass in seinem Arm ein Überwachungschip eingepflanzt ist.

Der junge Profiler und Psychologe Dr. Spencer Reid (Matthew Gray Gubler) geht in den Zug. Er bestätigt die Aussagen des Physikers und schneidet ihn in den Arm. Dabei bringt er durch einen „Zaubertrick" den Überwachungschip zum Vorschein. Durch diese Aktion wird der Physiker erst einmal beruhigt und es wird Zeit gewonnen.

Der deutsche Psychiater Manfred Lütz beschreibt in seinem Buch „Irre! Wir behandeln die Falschen" ein Erlebnis in einer Psychiatrie, als er noch ein junger Arzt war. Dort gab es eine chronisch kranke, schizophrene Frau. Sie war gescheit, etwas skurril, meistens guter Stimmung und sie hörte eine Stimme in ihrem Kopf. Der junge Arzt wollte ihr helfen und nach ausführlicher Diagnostik setzte er die Dosis ihrer Medizin hoch. Die Stimme, die zu der Frau sprach, verschwand. Und? War die Frau nun glücklicher? Sie wurde wütend und beschimpfte den Arzt. Sie wollte die freundliche Stimme wieder haben. Diese beruhige sie und würde ihr gut tun. Die Dosis der Medizin wurde wieder herabgesetzt und die Stimme kam zurück. Die Patientin war wieder *zufrieden* und nicht mehr aggressiv.

Oft ist es wohl besser, Menschen so zu lassen, wie sie sind. Sie ändern zu wollen, führt meistens zu Schwierigkeiten.

Übrigens: Der heilige Franz von Assisi wäre nach heutigen psychiatrischen Standards höchst wahrscheinlich als schizophren eingestuft und mit Medikamenten ruhig gestellt worden. Die Wunder, die er angeleitet durch die Stimme Gottes, vollbracht hat, wären damit wohl nicht geschehen. Also besser:

Leben und leben lassen

Manie (ICD 10 F30);
Manische Episode einer bipolaren Erkrankung (ICD 10 F31.1/2)
Kurzdefinition:

Die Manie bezeichnet eine affektive Störung, welche durch gehobene oder reizbare Stimmung, Antriebssteigerung, Rededrang, Distanzlosigkeit, Allmacht- und Größenideen sowie durch Libidosteigerung und sexuelle Enthemmung gekennzeichnet ist. Im Rahmen bipolarer Störungen wechseln sich manische und depressive Episoden ab.

Mögliche Ursachen für aggressives Verhalten:
Speziell bei der so genannten „gereizten Manie" stehen Aggressivität, Streitsucht und Gereiztheit im Vordergrund.
Aber auch bei anderen maniformen Störungsbildern kann es zu Aggressionen kommen, etwa wenn der Patient in seinem gesteigerten Tatendrang gebremst wird oder wenn die bei manchen Patienten vorkommende (sexuelle) Enthemmung zu Konflikten führt.

Konfrontation und strikte Regeleinhaltung können bei aggressiv manischen Menschen schnell zu Eskalationen führen. Hier ist es sehr wichtig, in sich zu ruhen und sich nicht provozieren zu lassen. Es sollte zunächst geschaut werden, welche Regeln auf jeden Fall eingehalten werden müssen. (Alles, was die Sicherheit betrifft.) Und auf welche Regeln man im Akutfall verzichten kann.

Auch Sexualverbrecher können *menschlich* reagieren. Diese Erfahrung hat eine europäische Studentin in Südafrika gemacht. Der Sexualverbrecher, der sie vergewaltigen wollte, hatte sie schon hinter Büsche gezerrt, als die Medizinstudentin zwei Schlüsselsätze sagte: „Stellen Sie sich einmal vor, ich wäre Ihre Schwester." Und als schon dieser Satz eine Wirkung erzielte, fügte die Studentin noch hinzu: „Was glauben Sie wohl, was Ihre Mutter dazu sagen und wie sie sich schämen würde?" Der potentielle Sexualverbrecher, Mitglied einer ganzen Bande, wurde daraufhin sogar zum Beschützer seines Opfers. Allerdings musste er den anderen Tätern vortäuschen, dass seine eigene Vergewaltigungstat noch bevorstand.

Panikstörung (ICD 10 F41.0)
Kurzdefinition:
Anfallartig und ohne erkennbaren Grund auftretende Angst bezeichnet man als Panikstörung. Diese kann auch im Rahmen von Depressionen auftreten.
Mögliche Ursachen für aggressives Verhalten:
Die Angst des Patienten kann sich an allen erdenklichen Personen (und Situationen) festmachen. Somit können andere Personen zum Ziel von Angriffen (etwa im Rahmen von Flucht) des Patienten werden. Diese Angriffe müssen nicht zielgerichtet sein.

Die Beruhigung des Panikers kann hier lebensrettend sein. Dazu kann von Nutzen sein, zu wissen, wodurch der Anfall ausgelöst wurde. Diesen Auslöser gilt es zu entfernen und dann ruhig und in sicherer Entfernung mit dem Menschen zu reden.

Demenz (ICD 10 F0.00 / F01.0 / F02.0 / F03.0)
Kurzdefinition:
Als Demenz bezeichnet man organisch bedingte, erworbene psychische Störungen, die mit fortschreitender Minderung intellektueller Leistungen einhergehen. Somit ist Demenz keine „eigenständige" Krankheit, sondern ein Syndrom, welches durch verschiedene Ursachen ausgelöst werden kann. Eine relativ bekannte, mit Demenz einhergehende Erkrankung ist die Alzheimer Krankheit (Morbus Alzheimer, präsenile Demenz).

Mögliche Ursachen für aggressives Verhalten:
Demenz ist die häufigste Ursache dafür, dass alte Menschen ihre Selbstständigkeit verlieren. Die Anzahl der Erkrankten wird sich – glaubt man aktuellen Prognosen – bis 2050 verdoppeln. Damit wächst auch ein Problem, das mit der Demenz einhergeht und das bis heute tabuisiert wird: die Altersaggressivität.

Wie solche Aggressionen aussehen, hat die Schweizer Pflegeforscherin Marlis Glaus acht Wochen lang in vier Zürcher Heimen aufgezeichnet. Am häufigsten kracht es zwischen acht und elf Uhr bei der Morgenwäsche. Drei Viertel der Attacken sind verbal. Schimpfworte wie dumme Kuh, Arschloch und Sauhund, gefolgt von schlagen, kratzen, beißen, spucken.

Da demente Menschen häufig ängstlich und unruhig sind, ist es für die Pflegekräfte wichtig, Ruhe und Gelassenheit auszustrahlen. Unruhe, Hektik und Getriebenheit seitens der Mitarbeiter können bei verwirrten Menschen zu Aggressivität führen. Verlässliche (Tages-) Strukturen und Abläufe helfen dementen Patienten dabei, sich zu orientieren und zurechtzufinden. Hierzu zählt auch das Konzept der Bezugspflege.

Validation (to validate = für gültig erklären; lat. valere = wert sein)
Eine von der US-Gerontologin Naomi Feil entwickelte Kommunikationsstrategie, welche hilft, kommunikativen Zugang zu dementen Menschen zu bekommen und zu erhalten. Wie in der klientenzentrierten Gesprächsführung nach Rogers, aus der die Validation entstand, fußt diese Technik auf den drei Grundpfeilern Empathie, Akzeptanz und Kongruenz. Der Leiter eines Validationsseminars formulierte den prägnanten Satz:

„Hole die Menschen dort ab, wo sie stehen!"

2.5.6   Kollegen(-team?)

Wenn in „Twentyfour" (24 Stunden Terror-Actionserie) jeder den Anweisungen von Jack Bauer folgen würde, hieße die Serie „One".

Sie kennen bestimmt die Geschichte vom kleinen Fisch **Swimmy**, der sich mit anderen Fischen zu einem Schwarm formierte. Von weitem wirkten sie wie ein großer Fisch und aus Angst schwammen viele Fressfeinde weg.
Teams, die mit Gewalthandlungen von Klienten rechnen müssen, sollten eine eigene Sicherheitskultur entwickeln. Dies betrifft z.B. eine Schaffung von technischen Voraussetzungen (z.B. Alarmvorrichtung), den Einsatz qualifizierter Mitarbeiter, ständige Fort- und Weiterbildungen, Supervisionen und die Nachbetreuung von Mitarbeitern, die Gewalt ausgesetzt waren. Denken Sie über folgende Anregungen nach:

*   Legen Sie Termine nach Möglichkeit in die Büro- und Öffnungszeiten. Da sind die meisten Kollegen da.
*   Informieren Sie bei späteren Terminen oder bei aggressiven Patienten die Kollegen darüber.
*   Machen Sie im Team einen unauffälligen Satz aus (z.B. Hole noch bitte den Antrag vom Fax.), der besagt: „Bitte bleibe in der Nähe!" (Dies sollte auch auf dem Arbeitsplatz eingeübt werden!)
*   Im Idealfall gibt es klare Regeln für Patienten, die von allen Kollegen getragen werden und nicht jedes mal neu diskutiert werden müssen.
*   Tauschen Sie sich regelmäßig im Team aus und sprechen Sie auch über Ihre Fehler und Ihre Kommunikation (Meta-kommunikation).
*   Wenn möglich, geben Sie bestimmte „Fälle" oder „Personen" ab. Vielleicht kommt es beim Kollegen nicht so schnell zu Eskalationen.
*   Informieren Sie über Fehler und schreiben Sie alle Eskalationen vom Team auf. Dies verhindert, dass Fehler öfter gemacht werden und erleichtert die Einarbeitung von neuen Mitarbeitern.
*   Zuschauer müssen unbedingt entfernt werden, damit keine Anreize bestehen (z.B. Anfeuern, Statuserhöhung) und sie vor Übergriffen geschützt werden können. Die Kontrahenten sollten getrennt werden, um eine weitere Eskalation zu verhindern. Dies schafft man nicht alleine. Da sollte ein Team gut zusammen arbeiten.

- Im Vorfeld sollte ein Plan zum Umgang mit Gewaltsituationen überlegt werden. Zudem sollte sich kein Mitarbeiter unüberlegt in eine gefährliche Situation begeben, da auch der eigene Kampfinstinkt ausgelöst werden könnte.
- Es sollte klar sein, dass bei Eskalationen nicht lange diskutiert wird. Deshalb sollte die Rollenverteilung klar sein und die Anweisungen kurz, klar und deutlich sein. Für den Eskalationsfall sollten im Team einige Regeln klar sein, z.B.:
  - Verbot von Witzen und schnippischen Bemerkungen
  - Keine Abschweifungen und Diskussionen
  - Bestätigen von Informationen durch Wiederholung
- Im akuten Fall sollten immer wenigstens zwei Mitarbeiter tätig werden. Der Ruhigere von ihnen kann die unmittelbare Kommunikation mit dem Aggressor führen. Der andere Mitarbeiter sollte sich dezent im Hintergrund halten. Die Strategie gibt dem aktiven Kollegen ein Gefühl der Sicherheit und ein Einschreiten des unbeteiligten Kollegen ist jederzeit möglich. Zudem ist es sinnvoll, wenn der Kollege, der über eine gute Beziehung zum Kunden verfügt, eingreift, da eine gute Kommunikation über die Beziehungsebene erfolgen kann.
- Sprechen Sie auch im Team ab, wann eine Flucht die geeignete Alternative ist. Dies sollte im Ernstfall dann auch gemeinsam durchgeführt werden. Sonst fliehen sechs Kollegen und zwei sind jetzt erst recht in einer Gefahrensituation.

2.5.7 Sexuelle Belästigungen

„Manche Frauenberufe sind, was ein jeder weiß, für so manchen Mann eine Art von Schlüsselreiz." Punk-Band „Dimple Minds"

Sexuelle Belästigung am Arbeitsplatz ist ein sensibles Thema, über das man etliche eigene Bücher schreiben kann. Daher soll hier nur ein kurzer Einblick gegeben werden, mit besonderem Blick auf das Berufsbild Pflege und die diesbezüglichen Besonderheiten.

Manche Krankheitsbilder führen zu sexueller Enthemmung und können daher auch mit Übergriffigkeit einhergehen. Hier sind insbesondere manische Störungsbilder und Minderbegabungen zu nennen, aber auch dementielle

Veränderungen und zahlreiche weitere Erkrankungen. Darüber hinaus können auch Medikamente (z.B. das Antidementivum Piracetam) zu einer Luststeigerung und damit zu sexueller Enthemmung führen.

Bei solchen krankheitsbedingten oder iatrogenen (Altgriechisch: „vom Arzt erzeugt") Formen sexueller Enthemmung steht natürlich die Behandlung der Erkrankung bzw. ggf. eine Medikamentenumstellung (bei schweren Nebenwirkungen) im Vordergrund.

Einige Grundsätze jedoch bleiben bestehen:
- Kein Opfer darstellen
- Selbstbewusstes Auftreten
- Nicht allein in potentiell riskante Situationen gehen
- Gründliche Dokumentation und Absprachen im Team
- Eigene Wahrnehmung und Gefühle verbalisieren („Ich mag es nicht, wenn Sie mir so nah kommen. Bitte halten Sie etwas Abstand!")

Neben den oben genannten möglichen krankhaften Ursachen für sexuelle Distanzverletzungen, kann es natürlich auch bei „psychisch Gesunden", bzw. nicht krankhaft enthemmten Patienten zu sexuellen Grenzverletzungen kommen.

Selbstverständlich gibt es sexuelle Belästigung, sexistische Diskriminierung oder Mobbing auch innerhalb von Teams oder innerhalb von Dienststellen. Da dieser Bereich jedoch weit über das Fassungsvermögen dieses Buches hinaus geht, wollen wir uns hier wieder auf einige Grundregeln beschränken.

Wie im Eingangszitat eine Punkband satirisch darstellt, scheint der Beruf „Krankenpflegerin" bei einigen Männern Assoziationen zu wecken, die in der Ausbildungs- und Prüfungsverordnung für Pflegepersonal nicht vorgesehen sind.

Zahlreiche Filme und Fernsehserien verstärken das Bild von der „sexy Krankenschwester im weißen Minikleidchen" (nicht zu vergessen das Häubchen mit dem roten Kreuz).

Letztlich entscheidet jeder Mensch für sich selbst, wo sexuelle Übergriffigkeit beginnt. Wir haben in Seminaren Pflegerinnen erlebt, die bereits ein freundliches Lächeln von Patienten als „blöde Anmache" werteten, und solche, die auch derbe Sprüche nicht ernstnahmen und mit einem „Gegenspruch" kommentierten.

Das eigene Empfinden, die eigenen Grenzen, das eigene Bauchgefühl sollte hier der Maßstab sein. Wir haben versucht, einige Vorschläge zusammenzutragen, wie man solchen Grenzverletzungen begegnen kann:

Anzügliche Bemerkungen

Das Mittel erster Wahl, anzüglichen Bemerkungen zu begegnen, ist unserer Meinung nach die Strategie, keine Furcht oder Scham zu zeigen, sondern stattdessen den übergriffigen Menschen zur Rede zu stellen, ihn auf sein Fehlverhalten anzusprechen. Manchen Männern ist gar nicht klar, dass sie sich in diesem Moment grenzverletzend verhalten. Manche wollen einfach nur „charmant" oder „witzig" sein und stellen sich dabei nur furchtbar plump an.

Eine energische, laute Stimme und „klare Ansagen" reichen oft aus, um solcherlei Bemerkungen in Zukunft zu unterbinden.

Räumliche Distanzverletzungen

Wie bereits im Kapitel „Distanzen" angesprochen wurde, ist das Distanz-empfinden individuell unterschiedlich und von vielen Faktoren abhängig. Wenn Ihnen Ihr Bauchgefühl aber sagt „das ist mir zu viel Nähe", sollten Sie auch auf Ihren Bauch hören, denn der hat oft Recht.

Auch hier gilt: Sprechen Sie Ihr Empfinden an. Vielleicht bemerkt Ihr Gegenüber gar nicht, dass er Ihnen zu nah kommt. Reagieren Sie sofort, damit unterstreichen Sie Ihre Entschlossenheit und machen Ihren Standpunkt klar.

Sollten Sie zum Zeitpunkt der Distanzverletzung sitzen, stehen Sie auf. Stehende Personen strahlen gegenüber Sitzenden mehr Dominanz aus.

Nähert sich die Person trotz Ihrer Ansprache weiter, werden Sie noch deutlicher. Gehen Sie einen Schritt zurück, nehmen Sie die Hände vor den Körper und machen Sie erneut deutlich, dass Sie diese Nähe nicht akzeptieren: **„Stop!"**
Achten Sie darauf, den Grenzverletzer dabei nach Möglichkeit nicht zu berühren, da dies als Aggressivität oder „Spielerei" verstanden werden kann.

Berührungen

Unerwünschte Berührungen, Festhalten und andere Formen von Körperkontakt stellen eine weitere Steigerung von körperlicher Distanzunterschreitung dar.

Die zuvor genannten Hinweise gelten auch hier. In aller Deutlichkeit muss klargemacht werden, dass Sie diejenige sind, die bestimmt, wann Sie wohin gehen, wen Sie anfassen und von wem Sie wie angefasst werden möchten. Machen Sie in aller Deutlichkeit klar, dass Sie solches Verhalten nicht akzeptieren! Wenden Sie erlernte Schutztechniken an, wenn die Situation es erfordert! Holen Sie sich Hilfe! Starkes Auftreten ist auch hier ein gutes Mittel, um dem Übergriffigen den „Spaß" zu verderben.

Setzen Sie frühzeitig Grenzen!

2.5.8 Waffen und Uniformen

„ Mit einem Pistolenlauf zwischen den Zähnen bringt man nur noch Vokale raus!" Tyler Durden bzw. Jack in dem Film „Fight-Club"

Es gibt viele Waffen, die zur Verteidigung oder zum Angriff geeignet sind. Vielleicht überlegen Sie sich, privat oder beruflich eine Waffe anzuschaffen. Wenn Sie wirklich der Meinung sind, eine Waffe besitzen zu müssen, so sollten Sie sich vorher viel Wissen aneignen, sich Gedanken über mögliche Konsequenzen machen und auch regelmäßig damit trainieren. Waffen geben oft eine falsche Sicherheit und können mangels Übung in Stresssituationen nicht angewendet werden. Im Extremfall werden sie sogar gegen einen selbst verwandt. Beruflich gelten oft andere Regeln als für Privatpersonen. Ich darf mein privates CN-Gas nicht einfach mit auf eine geschlossene psychiatrische Einrichtung mitbringen und dort benutzen.

Es gibt wissenschaftliche Untersuchungen, die belegen, dass die Anwesenheit von Waffen im Raum den Stress- und den Aggressionsgrad erhöhen. Deshalb raten wir von allen Waffen ab, außer dem...

Heulalarm

Die einzige „Waffe", die wir empfehlen, ist der Heulalarm. Der Heul-, Taschen-, Schutz-, Personen- oder Schrillalarm ist eine einfach zu bedienende Alarmsirene, die auch in Paniksituationen problemlos zu aktivieren ist. Sie können auch sinnvoll eingesetzt werden gegen Belästigungen am Telefon. Natürlich sollten Sie das Gerät auch griffbereit haben und die Batterie regelmäßig überprüfen. Einige Geräte haben ein eingebautes Licht, mit dem sich auch die Batteriestärke erkennen lässt. (Die professionelle Alternative ist das Personennotrufgerät, welches in vielen psychiatrischen Stationen zum Einsatz kommt.)

Zum Thema Uniformen:

Beim **Standford-Experiment** wurden 24 „normale" Studenten aus der Mittelschicht per Münzwurf zu Gefängniswärtern und zu Gefangenen für zwei Wochen. Das Experiment geriet sehr schnell außer Kontrolle. Nach drei Tagen zeigte ein Gefangener extreme Stressreaktionen und musste entlassen werden. Einige der Wärter zeigten sadistische Verhaltensweisen, speziell bei Nacht, wenn sie vermuteten, dass die angebrachten Kameras nicht in Betrieb waren. Teilweise mussten die Experimentatoren einschreiten, um Misshandlungen zu verhindern. Nach nur sechs Tagen musste das Experiment abgebrochen werden; insbesondere, weil die Versuchsleiter feststellten, dass sie selbst ihre Objektivität verloren, ins Experiment hineingezogen wurden und gegen den Aufstand der Gefangenen agierten. Dieses und andere Experimente zeigen:

Uniformen und Waffen erschweren immer eine Deeskalation!

PS. Einheitliche Dienstkleidung, egal ob schwarz, weiß, blau oder gestreift, ist immer eine Uniform.

2.5.9   Nachsorge

„Der Optimist verkündet, dass wir in der besten aller Welten leben;
der Pessimist befürchtet, dass es zutrifft." James B. Cabell

Eine normale Reaktion auf eine Eskalation kann ein vorübergehender psychischer Ausnahmezustand (so genannte akute Belastungsreaktion) sein mit intensiven Gefühlen wie:
– Hilflosigkeit
– Handlungsunfähigkeit
– Angst
– Wirklichkeitsverlust (man erlebt die Situation wie „im Film" oder „im Traum")
– emotionale Leere oder heftige Gefühlsausbrüche
Die folgenden Punkte erscheinen für die Nachsoge deshalb als unverzichtbar:

1. Recht auf Hilfe nach psychisch belastenden Ereignissen
Mitarbeiter haben grundsätzlich das Recht, nach einem Ereignis am Arbeitsplatz, das sie als psychisch belastend empfinden, Hilfe in Anspruch zu nehmen. Psychisch belastende Ereignisse können neben dem Erleben körperlicher oder verbaler Gewalt auch psychisch belastende Situationen im Zuge der Patientenversorgung sein. Schuldzuweisungen, Bagatellisierungen (z.B. „So etwas gehört nun mal zum Beruf!") und Ratschläge können zu einer zusätzlichen Traumatisierung des Betroffenen beitragen und sollten unterlassen werden.

2. Möglichkeit zum Gespräch nach einem psychisch belastenden Ereignis
Im Anschluss an ein psychisch belastendes Ereignis haben Mitarbeiter das Recht, sich mit einer Person ihrer Wahl zu einem entlastenden Gespräch zurückzuziehen.

3. Möglichkeit zur kurzfristigen Herausnahme des Betroffenen aus der belastenden Situation

Es muss gewährleistet sein, dass der Betroffene, wenn er dies wünscht, sich aus der belastenden Arbeitsumgebung zurück ziehen kann. Er soll nicht zur Weiterarbeit gezwungen werden. Um den Betroffenen am Arbeitsplatz ablösen zu können, muss gegebenenfalls ein Mitarbeiter aus einer Rufbereitschaft bzw. aus dem Bereitschaftsdienst angefordert werden können.

4. Psychosoziale Betreuung

Im Betrieb sollten Ansprechparnter zur psychosozialen Betreuung von Beschäftigten nach belastenden Ereignissen zur Verfügung stehen. Diese sollten spätestens am nächsten Arbeitstag verständigt werden, um dem Betroffenen Unterstützung anbieten zu können. Schnellst möglich sollte der Betreuer mit ihm Kontakt halten.

5. Weitere Ansprechpartner im Betrieb

In einem Leitfaden sollte festgelegt sein, wer nach einem psychisch belastenden Ereignis verständigt werden soll. Neben den Ansprechpartnern zur psychosozialen Betreuung könnten dies die für den Arbeitsbereich verantwortlichen Vorgesetzten sowie z.B. der Betriebsarzt oder die Fachkraft für Arbeitssicherheit sein.

6. Externe Hilfemöglichkeit

Auch außerhalb des Betriebes gibt es Fachleute, die Unterstützung nach belastenden Ereignissen anbieten können. Bestimmt gibt es auch in Ihrer Region Notfallpsychologen oder Notfallseelsorger.

7. Unterstützung durch den zuständigen Unfallversicherungsträger

Ihr Unfallversicherungsträger sorgt nicht nur nach Arbeitsunfällen mit körperlichen Verletzungen, sondern auch nach psychisch traumatisierenden Ereignissen für die erforderliche medizinische und psychologische Behandlung.

Weitere Informationen über die Unfallkasse Ihres Bundeslandes oder des Bundes:
www.unfallkassen.de

„ Menschen, die miteinander zu schaffen haben, machen einander zu schaffen. " Lebensweis- und wahrheit

Im Pflegebereich ist das Personal oft „hautnah" bei den Patienten und dies kann dann natürlich im besonderen Maße zu Eskalationen führen. Im Verlauf jeder Pflege gibt es Phasen, in denen Aggressionen entstehen können. Ängste, Phobien, Existenzsorgen, persönliche Krisen, Kranksheitsschübe, Schmerzen, Trauer und Wut können den Patienten belasten und machen ihn auch hilfloser und verletzlicher. In diesem Spannungsfeld kann es aufgrund von Kleinigkeiten bereits zu aggressiven Handlungen kommen. Einzig und allein das gut geschulte Personal kann die Entstehung von Aggressionen im eigenen System verhindern oder wenigstens vermindern. Um sinnvoll Deeskalation zu betreiben, sollte respektv

Im Rahmen einer Weiterbildung von Engelbert Ringbeck beantworteten 98% des Pflegepersonal im **Psychiatriebereich** die Frage „Haben Sie schon mal Gewalt oder Aggression auf der Station erlebt?" mit „Ja" (vgl. Richter/Sauter 1998 S. 30).

78% aller Mitarbeiter in Gesundheitseinrichtungen gaben an, verbal angegriffen und 44% körperlich angegriffen zu sein. In anderen Studien kam heraus, dass 72% der Pflegekräfte in den letzten 12 Monaten verbale Gewalt und 42% physische Gewalt erlebt haben. Das Risiko von Gewalt ist in **Psychiatrien** 14x und in **Notfalleinrichtungen** 3x höher als in Krankenhäusern. In Österreich und der Schweiz kam es zu ähnlichen Ergebnissen (vgl. Nau/Oud/Walter 2012 S. 47ff).

Neuste Studien zeigen, dass die Mitarbeiter in **Alten- oder Pflegeheimen** gefährdeter sind durch verbale und körperliche Aggressionen als Kollegen in Krankenhäusern oder Psychiatrien.

2.6.1 Arbeitsbereiche der Pflege

„Willst du lieber Recht haben oder glücklich sein? Beides zusammen geht nicht." Marshall B. Rosenberg

In Befragungen verschiedener **Krankenhäuser** nannten zwei Drittel der Pfleger und Ärzte auf die Frage, welcher Einflussfaktor von größter Bedeutung für eine bessere Sicherheit und Effektivität sei, die Verbesserung der Kommunikation. Es wurde festgestellt, dass über 70% von eskalierenden Situationen wahrscheinlich durch eine bessere Kommunikation und Zusammenarbeit verhindert oder gemindert werden können. Die meisten aggressiven Zwischenfälle in Krankenhäusern entstehen nicht, wie man etwa glauben könnte, als unvorhersehbare Impulsreaktion psychisch kranker Patienten. Vielmehr sind auch die Aggressionsereignisse in Krankenhäusern meist durch die gleiche Eskalationsspirale gekennzeichnet, wie bei Übergriffen auf der Straße. Zur Beruhigung: In Krankenhäusern sind nur etwa 5% der Personal-verletzungen durch Patientenangriffe entstanden. Stürze (17%) und Bewegen von Lasten (12%) führten viel häufiger zu Verletzungen.

Es gibt aber auch Bereiche, die besonders gefährdet sind. „Im Rahmen des Regierungsberichts über die Sicherheit am Arbeitsplatz im britischen Gesundheitswesen heißt es, dass von allen dokumentierten Gewaltvorfällen in Einrichtungen des National Health Service allein 43% in der **Notaufnahme** stattfinden." (Nau/Oud/Walter 2012 S. 291)

Patienten und Angehörige befinden sich bei den Rettungseinsätzen oft in einem stressbedingten Ausnahmezustand, welcher schnell in Aggression umschlagen kann. Als Gefährdung an erster Stelle im **Rettungsdienst** steht da der alkoholisierte Patient, gefolgt von psychiatrischen Notfällen. Aber auch der „normale" Patient kann schnell ungehalten werden, weil die Erwartung des *Versorgungsservice* auch in diesem Sektor in den letzten Jahren stark angestiegen ist.

Auch die **Ambulante Pflege** ist vor Gewalt und Aggression nicht sicher. „... erinnerten sich die Befragten an 60,6% verbale Angriffe und 36,1% an körperlicher Aggression (grob angefasst, gekratzt, beworfen oder gestoßen werden). Einige haben schwerwiegende körperliche Übergriffe erlebt [...] Jede sechste befragte Pflegekraft gab an, innerhalb des vergangenen Jahres sexuell belästigt worden zu sein." (Nau/Oud/Walter 2012 S. 331)

65 - 95% aller aggressiven Übergriffe von Patienten auf Mitarbeiter **psychiatrischer Einrichtungen** betreffen das Pflegepersonal, wobei der größte Teil dieser Übergriffe auf Akut-Aufnahmestationen stattfindet. Im Rahmen einer Studie zum Thema „Aggression in der Psychiatrie" wurden Pflegende in der Psychiatrie nach den Gründen von Patientenübergriffen befragt. Häufig nannten die Befragten die gleichen Faktoren:

Die Haltung des Pflegepersonals samt des Eindringens in die Intimsphäre der Patienten, Psychopathologie und gestörtes Verhalten, sowie Ängste und Frustrationen der Patienten.

Hier wird ersichtlich, dass aggressives Verhalten von psychiatrischen Patienten auf ein multifaktorielles Geschehen zurückzuführen ist.

Auf der Suche nach Literatur zum Thema „Gewalt in der Psychiatrie" stößt man zumeist auf Hinweise zur Durchführung von Fixierungen, Schutztechniken usw.

Hier sollen Faktoren beleuchtet werden, welche dazu beitragen können, Aggressionen im Vorfeld zu entschärfen, sprich präventiv mit Aggressionen und Gewalt auf psychiatrischen Stationen umzugehen.

Über das Thema „Gewalt in der **Altenpflege**" ist eine Menge geschrieben worden, allerdings meist mit Blick auf das Thema „Gewalt von Pflegenden gegen Bewohner". Dies ist ein sensibles und auch sehr wichtiges Thema. Allerdings werden auch die in der Altenpflege tätigen Menschen nicht selten zum Ziel von Angriffen der Bewohner. Neben den Ursachen für Aggressivität und Gewalt, welche man überall finden kann, liegen die Ursachen für Übergriffe gegen Altenpflegepersonal häufig in den dementiellen Erkrankungen vieler Bewohner. Da diese Krankheitsbilder nicht „heilbar" und Besserungsintervalle kaum beeinflussbar sind, erschwert dies eine gewaltpräventive Arbeit enorm und macht diese zu einer sehr anspruchsvollen Aufgabe von Pflegenden in Senioreneinrichtungen.

Eine besonders große Rolle spielen hier milieutherapeutische Ansätze. Da viele alte Menschen aufgrund von Demenzen ein gestörtes Kurzzeitgedächtnis haben, empfiehlt es sich, die Präventionsansätze dort greifen zu lassen, wo der Bewohner erreichbar ist: Bei seinem Langzeitgedächtnis. Vielleicht besteht die Möglichkeit, Fotos aufzutreiben, welche den Bewohner an schöne Zeiten erinnern. Dies führt oft zu einer Verbesserung der Stimmung und somit zu einer Verringerung der Aggressionswahrscheinlichkeit. Das gleiche gilt für andere Erinnerungsstücke wie Kleider, Gemälde oder manchmal auch Kuscheltiere. Die Erhebung einer genauen Pflegeanamnese erleichtert die Gewaltprävention.

2.6.2 Risikofaktoren

„Wenn du dich mit dem Teufel einlässt, verändert sich nicht der Teufel. Der Teufel verändert dich." Deutsche Weisheit

Es gibt Situationen, die sind ungefährlich und andere, die sind gefährlich. Hier einige Faktoren, die das Gefährdungspotential erhöhen:

Der Patient:
- Patient möchte Forderungen unbedingt durchsetzen
- Patient fühlt sich hilflos gegenüber einer mächtigen Verwaltung
- Erwartungen des Kunden werden enttäuscht
- Patient ist frustriert
- Patient ist alkoholisiert
- Patient verhält sich deutlich von der sozialen Norm abweichend
- Kommunikationsprobleme aufgrund von Sprache
- Kommunikationsprobleme aufgrund unterschiedlichen Bildungsgrades
- Verständnisprobleme hinsichtlich der Inhalte
- Verständnisprobleme aufgrund kultureller oder religiöser Barrieren
- andere Verständnisprobleme (z.B. Dialekt, undeutliche Sprechweise)
- Unverständnis (kann den Standpkt. des Gegenübers nicht nachvollziehen)
- Vorurteile

Die Organisation:
- Büromaterial, welches als Waffe dienen kann (z.B. Schere, Brieföffner)
- technische Materialien, die als Waffe dienen können
- Atmosphäre (dunkle Räume, aggressionsfördernde Farben)
- Umgebungsgestaltung (Licht, Wärme, Enge, Sitzmöglichkeiten)
- spitze Ecken und Kanten
- Arbeitsplatzgestaltung (überladener vs. zu aufgeräumter Schreibtisch)
- Eingänge
- Fluchtmöglichkeiten
- fehlende Alarmsysteme, Zugangskontrollen etc.

Die Mitarbeiter:
- Stress (mit Abstand der größte Risikofaktor)
- Schlecht geschult
- Kleidung und Schmuck
- Beschäftigter ist in einer Machtposition oder stellt eine Autorität dar
- Beschäftigter trifft Entscheidungen, die das Leben der Patienten beeinflussen
- Beschäftigter verweigert dem Kunden einen Dienst bzw. eine Nachfrage
- Beschäftigter steht in Interaktion mit frustrierten Kunden
- Beschäftigter tritt unangemessen gegenüber Kunden auf
- die Arbeit des Beschäftigten hat direkten Einfluss auf die finanzielle Situation

Die Behandlungsbereiche:
- Sind im Betrieb eine oder mehrere dieser Abteilungen vorhanden?
  -Notaufnahme
  -Intensivstation
  -psychiatrische Klinik
  -ambulanter Pflegedienst
- Gibt es Arbeitsbereiche, in denen regelmäßig lange Wartezeiten (> 30 min) auftreten?
- Gibt es Arbeitsbereiche, in denen der Arbeitsablauf (z. B. Reihenfolge der Behandlung) für Außenstehende nicht nachvollziehbar ist?
- Müssen Patienten u. U. im Laufe einer Behandlung oder Untersuchung verschiedene Stellen innerhalb des Betriebes selbstständig aufsuchen?
- Werden drogenabhängige und/oder intoxikierte Patienten behandelt?
- Werden Personen, von denen bekannt ist, dass sie sich in der Vergangenheit aggressiv verhalten haben, behandelt?
- Werden psychisch Kranke, geistig Behinderte oder demente Patienten aufgenommen?
- Kann es sein, dass Personen mit Kommunikationsproblemen (z.B. unterschiedlicher kultureller Hintergrund) behandelt werden?
- Werden Personen gegen ihren Willen in der Einrichtung untergebracht?
- Wird u. U. körperlicher Zwang angewandt?
- Werden in den Arbeitsbereichen Medikamente, (Ersatz-)Drogen usw. ausgegeben bzw. aufbewahrt?

Die Personalorganisation:

- Wird im Arbeitsbereich Geld aufbewahrt?
- Wird die Personalstärke in der Nacht und am Wochenende ausgedünnt?
- Kommt es zu Personalengpässen?
- Muss das Personal allein oder getrennt arbeiten?
- Werden Berufsanfänger eingesetzt?

Die Baulichkeiten:

- Handelt es sich um einen unübersichtlichen Gebäudekomplex, der durch Gänge, Flure usw. verbunden ist und der unkontrollierte Zugänge besitzt?
- Gibt es Umgebungsfaktoren, die von Mitarbeitern oder Patienten/Klienten/Bewohnern etc. als belastend, störend erlebt werden? (z.B. starke Geruchsentwicklungen, Temperatur, räumliche Enge, mangelnde Rückzugsmöglichkeiten, verschlossene Stationstüren)
- Sind Flurbereiche nicht ausreichend ausgeleuchtet? Sind unbeleuchtete Nischen vorhanden?

Hier eine Checkliste der Schutzmaßnahmen:

- Sind die Gefährdungen durch Aggressionen und Gewalt in der Gefährdungsbeurteilung nach dem Arbeitsschutzgesetz berücksichtigt?
- Sind die Mitarbeiter über die Risiken beim Umgang mit gespannten oder aggressionsbereiten Patienten/Bewohnern informiert?
- Sind die Mitarbeiter in deeskalierenden Verhaltensweisen sowie in Flucht- und Abwehrtechniken geschult?
- Sind Alarmierungspläne vorhanden?
- Sind für Opfer von Übergriffen Nachsorgemaßnahmen festgelegt (Gesprächsmöglichkeiten, psychologische Betreuung)?
- Werden eskalierte Ereignisse und Situationen dokumentiert und besprochen?
- Sind die Arbeitsplätze und Verkehrswege sicher gestaltet (Beleuchtung, Missbrauch von Gegenständen, sichere Glasflächen, usw.)?
- Sind Überwachungs- und Alarmanlagen sowie Notrufschalter vorhanden?
- Können sich die Beschäftigen in einen sicheren Bereich zurückziehen und einen Notruf abgeben?
- Werden Alleinarbeitsplätze vermieden?
- Sind die Gebäudezugänge in der Nacht überwacht?
- Sind Flurbereiche frei einsehbar?

2.6.3 Ernährung

„Wer im Wirtshaus Gehacktes bestellt, hat das Vertrauen zu den Menschen noch nicht verloren." Hanne Wieder

Etwa 100.000 verschiedene chemische Stoffe wurden weltweit nach dem zweiten Weltkrieg (*also nach 1945*) eingesetzt, um die Ernährung günstiger zu gestalten. 30.000 davon werden heute regelmäßig genutzt. Davon wurden ganze 3.500 auf ihre Langzeitwirkung getestet. In Europa werden 170.000 Tonnen chemisch hergestellte **Aromen** verbraucht (Deutschland etwa 39.000 Tonnen). Laut der EU-Kommission nehmen heute Kinder an die 600 Milligramm Farbstoffe (Smarties, Softdrinks, Bonbons usw.) pro Tag zu sich. Farbstoffe haben nachweislich Auswirkungen auf Hirnfunktionen. Der Farbstoff Tartrazin (E 102) hatte in Versuchen Hyperaktivität und Aggressivität zur Folge. Die Weltgesundheitsorganisation (WHO) sieht Ernährung sogar als Risikofaktor für die zunehmende **Aggressivität** und **Kriminalität** (vgl. Bärsch 2012 S. 72 ff.).

- Studien in Kanada bewiesen, dass über die Hälfte von hyperaktiven Vorschulkindern eine Verhaltensverbesserung durch eine Ernährung frei von Farbstoffen, Glutamaten und Konservierungsstoffen, zeigte.
- Das Carl Pfeiffer Treatment Center in Naperville (Illinois) behandelt erfolgreich verhaltensauffällige Kinder mit Vitaminen und Mineralien.
- 2002 wurde bei Gefängnisinsassen in Großbritannien das friedliche Verhalten um 37% durch Vitamine, Mineralstoffen und Fettsäuren gesteigert.
- Von den hyperaktiven Kindern, die an der Universität Melbourne behandelt wurden, zeigten 75% eine Verhaltensverbesserung durch eine farbstofffreie Diät.
- Prof. Joseph Egger stellte in München bei 62 von 76 hyperaktiven Kindern eine Verhaltensverbesserung durch eine andere Ernährung (ohne Fast-, Tüten- und Dosenfutter) fest. Bei kindlichen Migränepatienten stellte sich bei 93% eine Verbesserung ein. Auch die Anzahl von Asthmaanfällen und juckenden Ekzemen ging zurück. Also denken Sie daran:

„Du bist eben, was Du isst!"

Eine sinnvolle Ernährung kann also schon zur Deeskalation beitragen.

2.6.4 Totale Institution

*„Macht durch Disziplin – Macht durch Gemeinschaft – Macht durch
Handeln" Morton Rhue im Buch „Die Welle"*

Ein großer Wert im Bezug auf Aggressions- und Gewaltvermeidung ist dem Inter-
aktionsstil beizumessen.
Bei vielen Arbeitsfeldern, insbesondere im Justizvollzug, aber auch in sozialen
(Alten- oder Kinderheime) oder medizinisch-psychiatrischen Bereichen (Ge-
schützte Allgemeinpsychiatrie, Maßregelvollzug) handelt es sich um totale Institu-
tionen.

Diese straffe Strukturierung ist in vielerlei Hinsicht sinnvoll und notwendig, etwa
um Schaden von den Klienten/Patienten/Bewohnern/Gefangenen abzuwenden.
Andererseits ist ein überstrukturiertes, kontrollierendes Milieu mit dominantem
und dem Klienten gegenüber misstrauisch auftretendem Personal als idealer Nähr-
boden für Aggressionen und Gewalt zu charakterisieren.

Merkmale der totalen Institution:
- Es gibt eine zentrale Autorität. Das Leben findet an einer einzigen Stelle
  statt.
- Die Mitglieder der Institution führen ihre Arbeit in Gesellschaft und Gemeinschaft ihrer „Schicksalsgenossen" aus.
- Alle Tätigkeiten und Regeln sind von einem Mitarbeiterstab exakt bestimmt.
- Alle Tätigkeiten und Lebensäußerungen dienen dazu, die Ziele der Institution zu erreichen.

Studien belegen, dass solche Mitarbeiter, welche den Patienten mehr Grenzen
setzen, überproportional häufiger zum Opfer von Übergriffen werden.
Je mehr Regeln es gibt, desto mehr Regeln können gebrochen werden!
Letztlich sind einige der genannten Faktoren durch das Personal kaum zu beeinflussen. Bauliche und personalstrukturelle Gegebenheiten sind von den Mitarbeitern weitgehend als gegeben hinzunehmen.

Gewaltförderndes Milieu

Begriffsdefinition Milieu:
Ort, Stelle, Lage, Lebensumstände, soziale, wirtschaftliche, ökonomische und kulturelle Faktoren des lebensbestimmenden Umfeldes.

Begriffsdefinition Milieugestaltung:
Organisation der Lebensumwelt an den natürlichen Bedürfnissen von Bewohnern und Patienten im jeweiligen Setting orientiert (Krankenhaus, Pflegestation, Tagesklinik oder -stätte, Wohnheim oder ambulanter Bereich).

Begriffsdefinition Milieutherapie:
Wird meist der Soziotherapie zugeordnet und beinhaltet eine Umgebungsveränderung und damit verbunden eine positive Wirkung auf die psychische Krankheit.

Räumliche Voraussetzungen
Allein schon die räumliche Enge und das Eingesperrtsein auf geschlossenen Stationen kann ein Grund für Aggressionen sein. Außerdem zählen eine ungünstige Aufteilung von Räumlichkeiten und mangelhafte Ausweichmöglichkeiten auf der Station zu den aggressionsfördernden Faktoren.

Verhaltensweisen von Mitarbeitern
Mitarbeiter können aggressives oder gar gewalttätiges Verhalten durch ihr eigenes Verhalten begünstigen. Gemeint sind damit alltägliche Unhöflichkeiten, wie etwa das Nichtanklopfen vor dem Betreten des Patientenzimmers oder das Ignorieren einzelner Patienten. Besonders geeignet, aggressives Verhalten zu fördern sind Haltungen seitens des Personals, welche den Patienten nicht als autonomen, vollwertigen Menschen akzeptieren. Dies können willkürliche Verbote sein, fehlendes Informieren des Patienten über Pflege- oder Therapiemaßnahmen, kein Einschreiten des Personals bei Ausgrenzung oder Diskriminierung eines Menschen durch dessen Mitpatienten.
Des weiteren zählt eine Art „Selbstschutzverhalten" des Personals als einer der wichtigsten Faktoren in der Aggressionsauslösung auf psychiatrischen Stationen.

Hierzu zählen u.a. folgende Verhaltensweisen:
- „Polizeiverhalten" (Befehlston, häufiges „Filzen" in der Psychiatrie usw.)
- „Superman-Verhalten" (übertriebene Zurschaustellung von Stärke)

- „Show abziehen" (Das Verharmlosen bzw. Verniedlichen von hartem Verhalten gegenüber Patienten, sowie das Zeigen von unangemessener Härte, wenn kein Externer zuschaut.)

Auf Stationen mit einem überproportional hohen Anteil männlicher Pflegekräfte kommt es statistisch gesehen häufiger zu Übergriffen. „Machoeinstellungen" erschweren auch den Umgang mit erlebter Gewalt und Aggression innerhalb der Stationsteams: „Du arbeitest in der Psychiatrie. Da gehört Gewalt zum Geschäft; das muss man aushalten können."

2.6.5 Gewaltarmes Milieu

„Was wir heute tun, entscheidet darüber, wie die Welt morgen aussieht." Marie von Ebner-Eschenbach

„Nicht gegen, sondern für etwas zu sein, verdeutlicht den Weg zur Lösung." Else Pannek

In der NANDA Pflegediagnose „Gefahr der fremdgefährdenden Gewalttätigkeit" werden unter der Überschrift „Empfohlene Pflegeinterventionen" u.a. Umgebungsmanagement und Gewaltprävention als Aufgaben der Pflegenden benannt.
Als Risikofaktoren werden anamnestische Prädiktoren wie „asoziales" Verhalten oder Drohgebärden und andere Faktoren wie neurologische und kognitive Beeinträchtigungen, Substanzmissbrauch oder psychotische Symptomatologie genannt. Völlig außer Acht gelassen werden hier eben die „Umgebungsfaktoren", sprich das Stationsmilieu, in welchem sich der Patient bewegt. Dr. Dirk Richter hingegen beschreibt die Ursachen für Gewalt in der Psychiatrie als ein Zusammenspiel verschiedener Merkmale. Die in der NANDA Pflegediagnose genannten Patientencharakteristika sind neben dem Stationsmilieu und der Interaktion zwischen Patienten und Personal, insbesondere das Mitarbeiterverhalten zu stellen.
Die Anzahl von Übergriffen ist geringer in Zeiten, in denen mehr Personal vor Ort ist bzw. das Personal intensiver in Interaktion mit den Patienten steht.
Neben der reinen Anzahl der Mitarbeiter auf einer Station ist auch deren Qualifikation und Erfahrung von Bedeutung. Erfahrene und gut aus- und weitergebildete Mitarbeiter sind weit eher in der Lage, bereits latente Aggressionen der Patienten zu erkennen und diesbezüglich frühzeitig zu intervenieren bzw. zu deeskalieren.

Laut des International Council of Nurses (ICN) ist qualifiziertes Personal weit weniger gefährdet, in gewalttätige Konflikte verwickelt zu werden. Insbesondere sollte unter anderem in folgenden Bereichen fortgebildet werden:

- Statistiken (um die tatsächliche Gefährdung herauszustellen)
- juristische und ethische Rechte und Pflichten
- Aggressionsentstehung
- Früherkennung, Deeskalation, Kommunikation
- Eingriffs- und Schutztechniken

Psychohygiene

Ausreichende Entspannung und Ablenkung außerhalb des Dienstes sind ein wichtiger Faktor, welcher geeignet ist, um die Aggressionsbereitschaft unter den Mitarbeitern zu verringern (Stress-> Frustration -> Aggression).

Auch Supervisionen, moderierte Teambesprechungen und Fortbildungen sind geeignet, um die Psychohygiene der Mitarbeiter zu fördern.

Als Pflegender in der Psychiatrie, insbesondere im Akutbereich, sollte man sich darüber hinaus regelmäßig selbst die Frage stellen, ob man sich den Anforderungen seiner Arbeit noch gewachsen fühlt und ob man über ausreichende Strategien zur Stressbewältigung verfügt.

Hierarchiestrukturen

Als frustrations- und somit aggressionshemmend gelten eine transparente und wertschätzende Hierarchiestruktur. Fühlt sich der Pflegende nicht bloß als „Befehlsempfänger" und ist stets über die relevanten Maßnahmen informiert, spiegelt sich dies auch in der Interaktion mit den Patienten wieder.

Interaktion zwischen Mitarbeitern und Patienten

Im Kontakt zwischen Menschen kann es natürlicherweise zu Konflikten, Problemen und Streit kommen. Dies gilt besonders für den Kontakt zwischen Patienten und Pflegenden, da beide aus ihrer Sicht oft je etwas Unterschiedliches wollen und erwarten.

Auch wenn das frühzeitige Erkennen aggressiven Verhaltens als wichtig erachtet wird, darf es jedoch nicht Ziel des pflegerischen Tuns sein, die Äußerung aggressiver Gefühle bei Patienten völlig zu unterbinden. Vielmehr sollte der Patient dabei unterstützt werden, seine wütenden oder feindseligen Gefühle zu erkennen, benennen und in sozial verträgliche Bahnen zu lenken.

„Beziehung ermöglicht die seelische Integration von sozialer Werthaltung, Respekt und Grenzsetzung!" Wie bereits erwähnt, birgt der Kontakt zwischen Menschen stets die Gefahr von Konflikten und Auseinandersetzungen. Ohne hier näher auf die Grundsätze und allgemeinen Möglichkeiten einzugehen, welche das Pflegesystem der Bezugspflege bietet, seien hier dennoch die gewaltpräventiven Aspekte angesprochen. Ein häufiger Auslöser von Aggressionen und Gewalt sind die von psychiatrischen Patienten häufig erlebten Beziehungsabbrüche zu Angehörigen, Freunden, Betreuern usw. Hier liegt es am Bezugspflegepersonal, neue, konstruktive Beziehungen zu den Patienten aufzubauen, zum einen Grenzen aufzuzeigen sowie anzuerkennen und zum anderen eine Atmosphäre von gegenseitigem Respekt und Verbindlichkeit zu schaffen, welche für alle Beteiligten akzeptabel, konfliktarm und gewaltfrei gestaltet wird. Dem Patienten zuzuhören, ihn ernst zu nehmen, seine Meinung zu respektieren und Kritik wertschätzend und situationsbezogen zu äußern, sind Fähigkeiten bzw. Haltungen, welche die Bezugspflegekraft dem Patienten auch im Falle eines Konflikts entgegenbringen sollte, um deeskalierend zu wirken. Des Weiteren sollte das pflegerische Handeln dem Patienten stets transparent gemacht werden, wobei der Patient im gegebenen Rahmen an Entscheidungen beteiligt werden soll. Informationen sollen in einer dem Patienten verständlichen Art und Weise weitergegeben werden. Die Intensität der Beziehung richtet sich nach den Ressourcen des Patienten. Über- oder Unterforderung ist in jeder Hinsicht zu vermeiden, da diese zu Frustrationen führen können.

Die Bezugspflegeperson übernimmt die rhetorische Deeskalation während der Eskalationsgefahr. Hier sollte allerdings darauf geachtet werden, dass zu lange Diskussionen Spannungen eher erhöhen und abhängig von der Höhe der Eskalation, weniger ver*hand*elt als ge*hand*elt werden muss. Dennoch sind auch in Krisensituationen die Grundrechte eines Menschen zu wahren, rechtliche Rahmen nicht zu überschreiten und keine Schuldzuweisungen vorzunehmen.

Beziehungsarbeit ist als die beste Gewaltprävention mit Langzeitwirkung zu sehen.

Die Atmosphäre und das Stationsmilieu spielen eine große Rolle. Verhalten sich Pflegende vorbildlich (Modellernen), herrscht eine klare, wertschätzende und eindeutige Kommunikationsform, werden Grenzen (sowohl des Patienten als auch des Personals) klar aufgezeigt und akzeptiert und Grenzübertretungen in keiner Form toleriert, bestehen geeignete Voraussetzungen für ein gewaltarmes Miteinander auch im sensiblen Bereich einer psychiatrischen Akutstation.

3 Körperliche Deeskalation

„Sicher, es ist beleidigend für das "Ebenbild Gottes", dass er das langgesuchte Zwischenglied zwischen dem Affen und dem Menschen ist; das ist er wirklich." Konrad Lorenz

Verbale Lösungen sollten immer das oberste Ziel einer Deeskalation sein. Manchmal gibt es leider keine andere Möglichkeit, als „körperlich" zu deeskalieren. Oft reicht eine klare Befreiungstechnik oder der Ansatz eines Griffes, um zu signalisieren, dass jetzt eine Grenze überschritten wird.

Reicht dies nicht, kann es zu körperlichen Auseinandersetzungen kommen. Die eigene körperliche Unversehrtheit, die der Unbeteiligten und die des Aggressors sollten dabei (so weit es geht) geschont werden. Dazu sollte man einige Techniken kennen, diese üben und den Gefahren bewusst sein.

Die **SaFE**-Techniken (**S**chmerz**a**rme **F**esthalte- und **E**ingriffs-Techniken) benötigen zuerst einigen Trainingsaufwand, verbessern aber später das Klima und es kommt langfristig zu weniger körperlichen Auseinandersetzungen.

„Gewalt ist das Problem, als dessen Lösung sie sich ausgibt."
Friedrich Hacker

Wenn es um **Vorbeugung** im Gewaltbereich geht, wird meistens der Begriff „Prävention" gewählt, im Suchtbereich „Prophylaxe". Der Begriff der Prävention stammt aus dem Lateinischen (Prophylaxe aus dem Griechischen) und bedeutet: „Das Zuvorkommen, Vorbeugen". Im Lexikon findet man unter dem Stichwort „Prävention" die Begriffsbestimmung: „Vorbeugung, Abwendung von strafbaren Handlungen."

3.1.1   Sicherheitshinweise

„Sobald du dir vertraust, sobald weißt du zu leben."
Johann Wolfgang von Goethe

Gewalttätigkeit ist eine Form von Kommunikation, eine recht verzweifelte Form, weil andere Mittel nicht zur Verfügung stehen. Ziel der Bemühungen ist es daher, mit dem Patienten in eine nicht-schlagende Kommunikation zu treten.

Gewalttätig wird, wer überfordert ist, wer den Überblick verliert, wer mit konventionellen Mitteln nicht zum Ziel gelangt. Es gilt also, soziale Verhaltensweisen, Gesichtszüge, Gesten detailliert wahrzunehmen, um den Kontext einer Situation richtig zu erfassen und zu deuten. Wir achten auf eine genügende Beleuchtung im Raum, damit der Patient unsere Gesichtszüge erkennen kann und merkt, dass wir ihm gut gesonnen sind. Störende und ablenkende Lärmquellen wie Radio oder Straßenlärm durchs offene Fenster schalten wir aus, damit der Patient hört, was wir sprechen.

Gewisse Patienten fühlen sich bedroht, wenn wir ihnen zu nahe treten. Wir achten also auf genügend Abstand und wir lassen ihnen den Fluchtweg offen. Bisweilen - wenn wir uns selbst bedroht fühlen - ist es besser, uns selber den Fluchtweg offen zu lassen.

Einer Gewalttätigkeit geht meistens eine symmetrisch eskalierende Beziehung voraus, in der zwei Beteiligte je auf ihrem Standpunkt beharren und immer lauter darauf pochen, Recht zu haben. Bisweilen gelingt es, dem Patienten Recht zu geben, mindestens ein Thema oder einen Aspekt der Sache zu finden, in dem der Patient Recht hat. Man erlaubt ihm damit, das Gesicht zu wahren. Wenn es zwischen einem Patienten und einem Betreuer zu einer Eskalation gekommen ist, dann dürfen notwendig werdende Zwangsmaßnahmen nicht von dem bei der Eskalation beteiligten Betreuer vorgenommen werden.

Umgang mit Gewaltausbrüchen verlangt von allen Mitarbeitern Solidarität: Beim respektvollen Umgang mit den Gefühlen der Kollegen, aber auch beim gemeinsamen Setzen von Grenzen, beim gemeinsamen Tragen von Entscheidungen.

Es gibt Techniken, die bisweilen erfolgreich sind beim Umgang mit erregten und gewalttätigen Patienten:
„Die Bescherung betrachten." Ich versuche, mich in die Haut des Patienten zu versetzen, die Situation durch seine Augen zu betrachten. Vielleicht schimpfe ich mit ihm eine Weile über sein Schicksal, über das wenige Geld, über Nebenwirkungen oder was ihn sonst bedrückt. „Emotionales Erleben verbalisieren." Ich versuche, mich in die Situation des Patienten einzufühlen und sie in Worte zu kleiden, dem Erleben des Patienten Ausdruck zu geben. „Verstecken wir unsere Angst nicht!" Ich stehe ganz offen zu meiner Angst und ordne sie auch genau zu, d.h. ich bitte einen Patienten, ein bestimmtes Verhalten aufzugeben, weil er mir damit Angst macht. „Die Ebene wechseln!" Bisweilen gelingt es, den Patienten abzulenken von dem Thema, das seine ganze Aufmerksamkeit in Beschlag nahm und das seine Wut auslöste. Hier können Techniken des „Ja, aber ..." und des „Ja, und außerdem noch ..." sehr hilfreich sein. Patienten auffordern, nochmals zu wiederholen, was er eben gesagt hat. Damit unterbricht man den spontanen Ablauf, holt den Patienten aus der Regression heraus und bringt ihn zum Reflektieren.

Daran denken, dass Frauen in der Psychiatrie eher seltener angegriffen werden als Männer: Frauen wirken weniger bedrohlich. Als Mann frage ich mich also, wodurch ich bedrohlich wirke.

Prophylaktische Maßnahme: Es sollte routinemäßig nach Aggressionsimpulsen gefragt werden, sowie nach Art, Ort, Zeit des Auftretens, nach der Richtung und danach, wie der Patient damit umgeht.

3.1.2 Vorbeugung

„Am Ende siegt immer die Wahrheit. Doch leider sind wir erst am Anfang." Zarko Petan

A. Positive Haltung
Eine positive Einstellung gegenüber Patienten oder allgemein Menschen, ist bereits die beste Art der Vorbeugung. Sich zu fragen: „Wie möchte ich gerne als Patient behandelt werden?" und seine „Macht" nicht zu missbrauchen, sind bereits Schritte in die richtige Richtung (siehe auch Kapitel 2.1.1).

B. Absprachen
Treffen Sie faire Absprachen mit den Patienten u. halten sie diese ein. Sie können auch zum Thema Aggression einen „Früherkennungsplan" miteinander erstellen.

C. Positive Umgebungsgestaltung
Je wohler ein Mensch sich fühlt, desto weniger neigt er zu Gewalttätigkeiten. Sauberkeit, Farben, Bilder, Pflanzen und Möbel können da eine Menge bewirken. Sterile Räume und Uniformen führen eher zu Unwohlsein und Aggression (siehe auch Kapitel 2.5.8).

D. Klare Regeln
Abläufe, Regeln und Konsequenzen sollten klar und transparent sein.

E. Geschulte Wahrnehmung
Je früher Sie etwas wahrnehmen, desto früher können Sie einschreiten (siehe auch Kapitel 1.2.1 und 1.2.2).

F. Selbstregulation emotionaler Impulse
Nur wenn die Fachkraft es schafft sich selbst zu deeskalieren, also den Stress zu bewältigen, hat sie Möglichkeiten die Situation ruhig anzugehen und insgesamt zu deeskalieren (siehe auch Kapitel 2.2).

G. Team und Leitung
Team und Leitung können Sie unterstützen, aber auch bremsen oder entgegenwirken. *Das wissen Sie bereits aus eigener Erfahrung* (siehe auch Kapitel 2.5.6).

3.1.3   Check-Liste

Unterhalten sich zwei Freunde: „Laut Statistik gehen 53% der Frauen
fremd!" - „Was nützt mir diese Statistik? Ich brauche Namen,
Adressen und Telefonnummern!"

Speziell für die Arbeit in der Psychiatrie entwickelte der Norweger Roger Almvik
die sogenannte Brøset-Gewaltcheckliste, benannt nach dem Brøset-Hospital im
norwegischen Trondheim, welche durch Christoph Abderhalden und Ian Needham
modifiziert wurde ("Brøset-Violence-Checklist Switzerland", BVC-CH). Diese
dient zur Einschätzung des Gewaltrisikos innerhalb von 8-12 Stunden bei
Patienten auf akutpsychiatrischen Stationen.
Die norwegische Version umfasst sechs Verhaltensweisen, für welche bei
Beobachtung dieser am Patienten jeweils ein Punkt berechnet wird. Abderhalden
und Needham ergänzten die Originalversion um die Möglichkeit, je nach
subjektivem Risikogefühl des Überprüfenden bis zu sechs weitere Punkte
hinzuzufügen.
Die Checkliste umfasst die sechs Verhaltensweisen Verwirrtheit, Reizbarkeit,
Lärmigkeit, körperliches Drohen, verbales Drohen und Angriff auf Gegenstände.

Abderhalden und seine Mitarbeiter kommen so zu folgenden Ergebnissen:

0-3 Punkte   Sehr geringes Risiko
4-6 Punkte   Geringes Risiko (1 von 100 Patienten wird gewalttätig)
7-9 Punkte   Erhebliches Risiko (1 von 10 Patienten)
10-12 Punkte   Hohes Risiko (1 von 4 bis 1 von 5 Patienten)

Studien in der Schweiz bestätigten die gute Anwendbarkeit der BVC-CH.
Abderhalden bezeichnet sie neben der ursprünglichen norwegischen Version als
„vielversprechende, und ausreichend zuverlässige Instrumente zur Einschätzung
des kurzfristigen Risikos" (C. Abderhalden in „Interventionen psychiatrischer
Pflege" von 2004, S. 78) von fremdaggressiver körperlicher Gewalt auf
geschlossenen Stationen.
Die modifizierte Brøset-Gewaltcheckliste befindet sich in verschiedenen
deutschen Krankenhäusern im Einsatz, unter anderem in Einrichtungen des
Landschaftsverbandes Rheinland (LVR) oder des Landschaftsverbandes
Westfalen-Lippe (LWL).

3.2 Befreiungsgriffe

„Das Trinken ist ihre große Schwäche", sagt der Arzt. „Im Gegenteil, es ist meine große Stärke", erwidert der Patient.

In Schulungsveranstaltungen für Pflegepersonal hören wir Sätze „Ja, aber wir dürfen uns doch nicht wehren!", „Meine Berufsethik als Krankenschwester verbietet es mir, Gewalt und Zwang anzuwenden!", „Ich muss vorher die PDL anrufen!" oder sogar „Notwehr gilt nicht für den Pflegebereich!". All diese Sätze sind falsch! Der Satz, dass es verboten sei, Zwang auszuüben, wird z.B. durch die Unterbringungs- bzw. Psychisch-Kranken-Gesetze der Bundesländer widerlegt. Exemplarisch ist hier das „Gesetz über Hilfen und Schutzmaßnahmen bei psychischen Erkrankungen des Landes Nordrhein Westfalen" (PsychKG NRW) aufgeführt. Die Unterbringungsgesetze tragen verschiedene Namen, ähneln sich inhaltlich aber sehr. Im Saarland heißt das Gesetz „Unterbringungsgesetz", in Hessen „Hessisches Freiheitsentziehungsgesetz". Das PsychKG regelt neben den Hilfen, Schutzmaßnahmen und Unterbringungsregelungen für psychisch kranke Patienten auch den Umgang mit Zwangs- und besonderen Sicherungsmaßnahmen. Das Gesetz legt klar fest, in welchen Fällen Fixierungs- und somit Gewaltanwendung zulässig ist, nämlich „bei einer gegenwärtigen erheblichen Selbstgefährdung oder einer gegenwärtigen erheblichen Gefährdung bedeutender Rechtsgüter anderer".
Weitere wichtige Gesetzestexte bezüglich des Umgangs mit Zwang und Gewalt in vielen Berufsfeldern beinhaltet das Verwaltungsvollstreckungsgesetz (VwVG).

Es gibt unzählige Befreiungsgriffe, Hebel- und Fixiertechniken und davon noch viele Varianten. Doch wenn Sie dies nicht regelmäßig trainieren, ist hier weniger mehr. Lieber einige effektive Techniken „richtig" können als viele Techniken ein wenig. Wir wissen, dass es schwierig ist solche Techniken aus dem Buch zu erlernen. Seminare und Trainingsstunden sind da einfach besser geeignet.

Wir zeigen hier einige einfache Befreiungstechniken. Das Festhalten an den Armen oder Handgelenken sind die häufigsten Übergriffe in der Pflege. Auf Umklammerungen, Hebel- und Würgebefreiungen gehen wir in diesem Buch nicht näher ein.

3.2.1 Einhandbefreiung

Der Wald befindet sich in großer Unruhe. Der aggressive Bär hat eine Todesliste angefertigt. Ängstlich fragt das Reh nach: „Du Bär, stehe ich auf der Liste?" „Ja!" Das Reh flieht und wird drei Tage später tot aufgefunden. Listig fragt der Fuchs nach: „Stehe ich auch auf der Liste?" „Ja!" Der Fuchs flieht und wird drei Tage später tot aufgefunden. Nun fragt der Hase nach: „Stehe ich auf der Liste?" „Ja!" „Kannst Du mich streichen?" „Klar!", antwortet der Bär.

Zum Glück sind viele Übergriffe nicht wirklich gefährlich. Oft soll nicht verletzt, sondern Macht demonstriert werden, z.B. wenn das **gleiche Handgelenk** (rechte Hand fasst rechtes Handgelenk) gefasst wird.

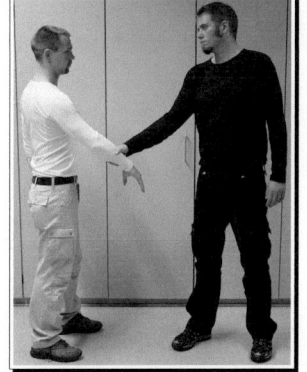

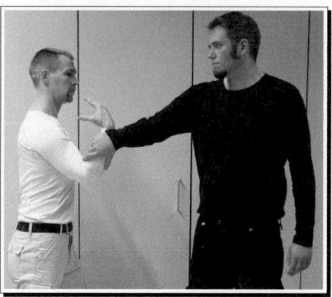

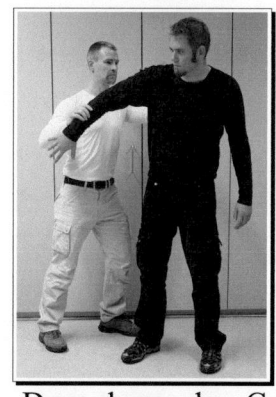

2. Der eigene Ellbogen wird zur Körpermitte bewegt und das Handgelenk wird angewinkelt.

1. Hier wird mit rechts das rechte Handgelenk gefasst.

3. Dann kann der Griff gelöst werden, indem man an der Person vorbei geht.

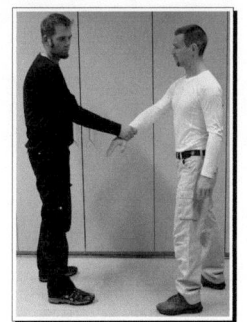

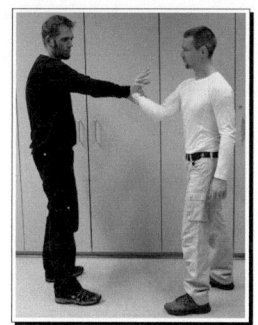

Diese Technik ist auch möglich, wenn der Patient im Bett liegt und zugreift.

Wenn das direkt **gegenüber liegende Handgelenk** (rechte Hand greift linkes Handgelenk) gegriffen wird, ist folgende Befreiungstechnik möglich.

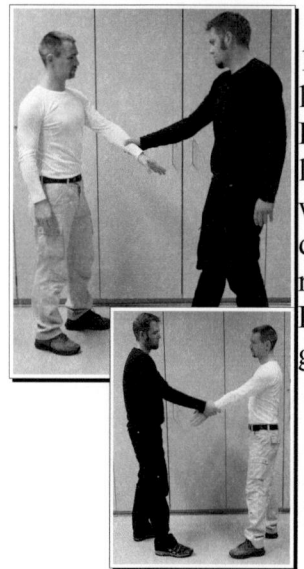

1. Das linke Handgelenk wird mit der rechten Hand gefasst.

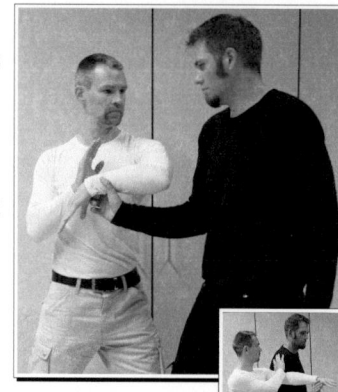

2. Der linke Ellbogen wird über die andere Hand nach vorne gefaltet. Dabei geht man seitlich an der Person vorbei und löst sich so aus dem Griff.

Manchmal wird auch „nur" die **Hand nach der Begrüßung** zur Machtdemonstration festgehalten.

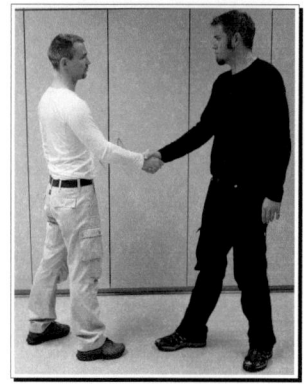

1. Die rechte Hand wird nach der Begrüßung nicht mehr losgelassen.

2. Der eigene rechte Daumen wird mit der linken Hand gegriffen.

3. Durch das seitliche Drehen der Hand und dem Schritt zurück wird die Hand gelöst.

3.2.2 Zweihandbefreiung

„Das Leben ist klüger als der Mensch." Jüdische Weisheit

Werden beide Handgelenke gegriffen, ist es ein wenig schwieriger. Das Gegenüber kann z.B. **beide Handgelenke von unten** greifen.

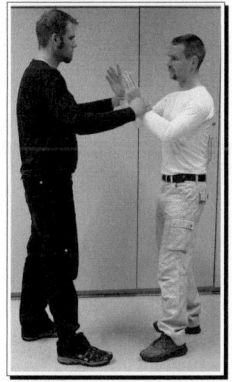

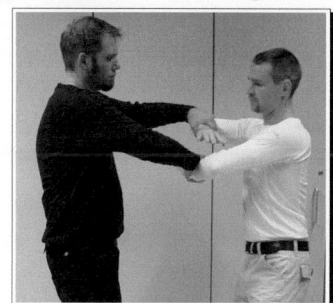

2. Beide Unterarme werden parallel übereinander gelegt.

1. Beide Handgelenke werden von unten gegriffen.

3. Durch einen 90-Grad-Schritt nach vorne wird der Haltegriff gelöst.

Die andere Variante ist, dass **beide Handgelenke von oben** gegriffen werden.

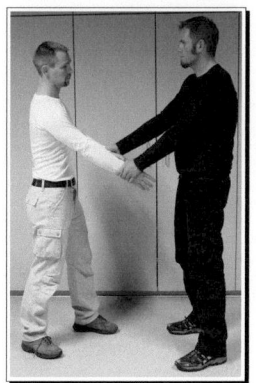

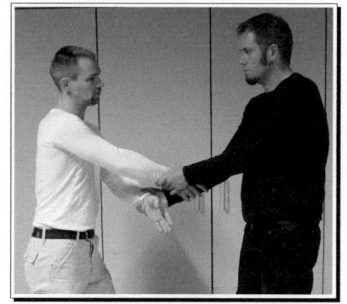

2. Mit der flachen rechten Hand schlägt man gegen das rechte Handgelenk. Die linke Hand wird dabei herausgedreht.

1. Beide Handgelenke werden von oben gegriffen.

3. Durch einen Schritt nach vorne ist die linke Hand frei.

„Weißt Du nicht, dass der verliert, der einen festhalten will, und dass man dem nachlaufen soll, der einen lächelnd loslässt?"

Um einen Patienten kurzzeitig festzuhalten gibt es so genannte **Hebeltechniken**. Beim Hebeln werden ein oder mehrere Gelenke des Gegners gegriffen. Es ist möglich den anderen durch das Hinzufügen von **Schmerzen** zu kontrollieren. Durch Gegenwehr fügt er sich selbst weitere Schmerzen zu. Deshalb können Sie den Patienten wahlweise festlegen oder transportieren. Die Spannung auf Muskeln, Sehnen und das Gelenk darf in keiner Phase abreißen, sonst kann sich der Patient aus dem Hebel befreien. Bei Alkoholisierten oder von Natur aus Schmerzunempfindlichen ist die **Kontrolle schwierig** und erfordert meist großen Krafteinsatz. Um eine Hebeltechnik bei einem stärkeren oder gleichstarken Menschen ausführen zu können, müssen Sie ihn zuvor aus dem Gleichgewicht bringen. Beachten Sie:

Sie können mit einem Hebel einen Menschen ernsthaft schädigen und auch dauerhaft verletzen!

Es gibt verschiedene Arten von Hebeltechniken:
Beugehebel wirken durch eine Beugung des Gelenkes über den normalen Bewegungsspielraum hinaus.
Streckhebel wirken durch eine Überdehnung des Gelenks entgegen der normalen Bewegungsrichtung.

Drehhebel wirken durch Verdrehen des Gelenkes über den normalen Bewegungsspielraum hinaus oder durch Verdrehen eines Gelenkes, das für eine Drehbewegung gar nicht vorgesehen ist.

Drehhebel sind oft kombiniert mit Beuge- oder Streckhebeln. Durch Einklemmen, Quetschen und Ziehen können Sie bei manchen Techniken das Gelenk zusätzlich immobilisieren oder schädigen.

Hebel arbeiten mit **Schmerzen** und sind deshalb **„gefährlich"**.

Zum einen merkt sich jeder Mensch, wenn ihm Schmerzen zugefügt wurden. Danach ist also eine gute Zusammenarbeit immer schwieriger. Im Extremfall kann es zu Racheaktionen oder zu Wutausbrüchen an anderer Stelle führen.

Zum anderen ist die Gefahr hoch, dass sich der Gehebelte verletzt, wenn er sich wehrt. Gerade unter Einfluss von Adrenalin oder sogar irgendwelchen Drogen wird der Schmerz gar nicht oder erst verspätet wahrgenommen.

Hebel und andere Eingriffstechniken werden von der Polizei verwendet und von diesen auch in Seminaren u.a. im Pflegebereich weitergegeben. Doch die Polizei hat bekannterweise eine andere Aufgabe als die Pflege. Die Polizei soll die Bürger auch mit Waffengewalt beschützen. Wenn der Verbrecher sich wehrt und verletzt wird, ist es sein Problem. Oft wird in Seminaren damit geprahlt, dass diese Techniken von der GSG9, dem SEK oder anderen Spezialeinheiten ebenfalls verwendet werden. Das kann ja sein. Aber es spricht nicht dafür, dass diese Techniken ebenfalls für den Pflegebereich ideal sind. Krav Maga-Trainer können ja behaupten innerhalb weniger Monate „Kampfmaschinen" aus Menschen zu machen, die davon ausgehen, dass hinter der nächsten Ecke drei schwerbewaffnete Verbrecher auf sie warten. Die Entwaffnung (Messer, Pistole, teilweise Maschinengewehr) wird dort standardmäßig geübt.

Doch ist das unser Ziel???

Im Pflegebereich geht es darum mit Menschen zu arbeiten, die man auch wieder am nächsten Tag vor (*und hinter*) sich hat. Es geht viel um Vertrauen, Würde und respektvollen Umgang. Doch es ist nicht einfach das Vertrauen eines Patienten zu behalten, wenn man ihm einen Tag zuvor bei seinem psychotischen Schub den Arm gebrochen hat.

Benötigt werden deshalb einfache, sanfte, schmerzarme und angemessene Techniken. Deshalb ist es sinnvoll mit den von uns entwickelten **SaFE-Techniken** (**S**chmerz**a**rme **F**esthalte- und **E**ingriffs-Techniken) zu arbeiten.

3.3.1   SaFE-Riegelgriff

„Ein Gramm Erfahrung ist besser als eine Tonne Theorie."
John Dewey

Der SaFE-Riegelgriff verdoppelt die Kraft der Arme, weil diese verriegelt werden. Deshalb ist es möglich viel stärkere Patienten zu halten.

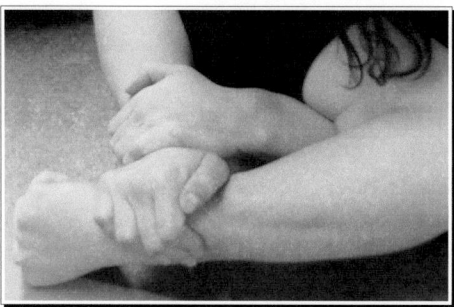

Der SaFE-Riegelgriff kann u.a. zum Transport oder zur Fixierung am Boden genutzt werden.

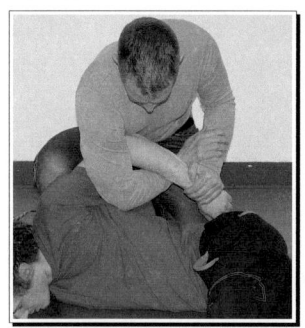
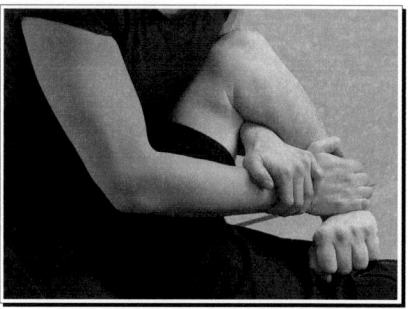

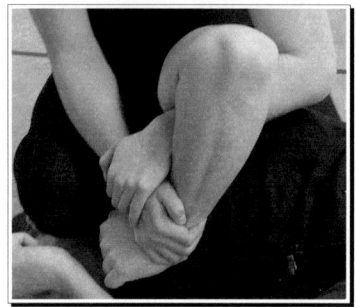
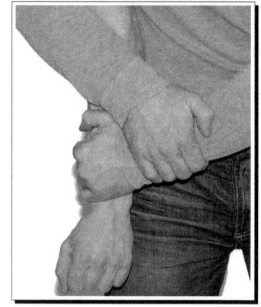

3.3.2 SaFE-Riegelgriff zu zweit

„Es ist ganz nützlich, wenn man überall für verrückt gehalten wird."
Audrey Hepburn

Diese Technik (ebenfalls zum Transport oder zur Fixierung am Boden) ist nicht alleine durchführbar. Es müssen mindestens zwei Personen das Gegenüber wegführen oder zu Boden bringen.

Da keine „schmerzhaften" Hebeltechniken eingesetzt werden, ist dieser Griff schonend. Da hauptsächlich Körpergewicht eingesetzt wird, ist es möglich, diesen Griff über einen längeren Zeitraum zu halten.

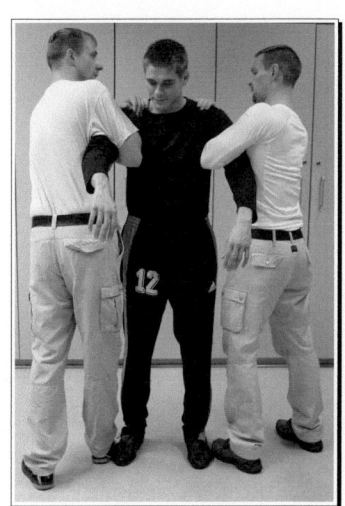 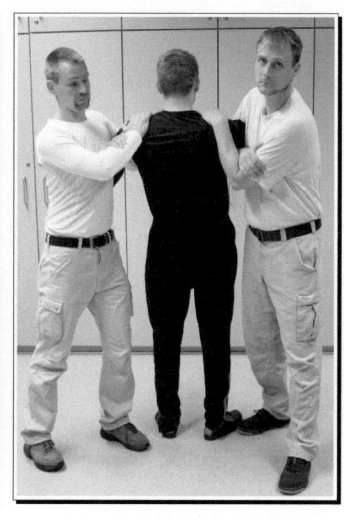 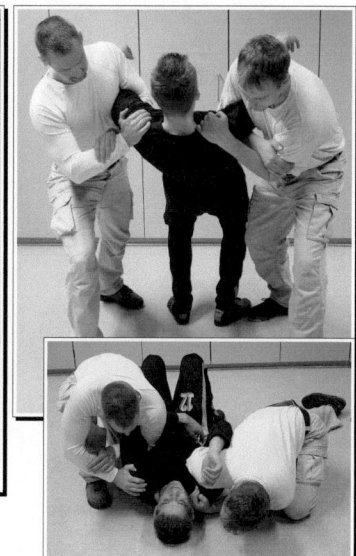

1. Beide Arme des Gegenübers werden von vorne jeweils von einer Person untergehakt.

2. Zur Stabilisierung dieses Griffes wird der andere eigene Arm gegriffen, der die Schulter greift.

3. Nun kann das Gegenüber zu Boden gebracht und dort festgehalten werden.

3.3.3 SaFE-Kopfgriff

„Nur damit wir uns richtig verstehen. Ich habe keine Lust Dich zu tragen, sonst wärst Du längst bewusstlos!" Jack Bauer in „24"

Die Stabilität und die Kraft des Gegenüber werden durch Nackenbeugung nach hinten genommen. Da man die Sicht nimmt, kann man das Gegenüber abführen oder zu Boden bringen. Der Griff sieht brutaler aus, als er wirklich ist. Trotzdem sollten Sie, wie bei allen körperlichen Techniken, **behutsam** und <u>nicht ruckartig</u> vorgehen.

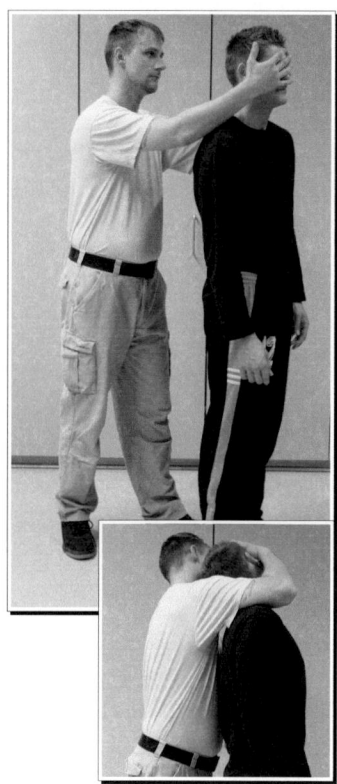

3. Das Gegenüber wird ins Hohlkreuz nach hinten auf die Brust gelegt. Nun kann er auf den Boden gelegt oder weiter nach hinten geführt werden.

1. Der Kopf wird mit der rechten Hand gegriffen und zur Seite gedrückt.

2. Der linke Arm kreuzt den rechten Arm und der Patient wird auf die Brust nach hinten gezogen.

3.3.4   SaFE-Beintriangel

„Ob es besser wird, wenn es anders wird, weiß ich nicht, dass es aber
anders werden muss, damit es besser werden kann, dass weiß ich."
Georg Christoph Lichtenberg

Die verriegelte SaFE-Beintriangel ermöglicht (ähnlich dem SaFE-Riegelgriff) den
Mitarbeitern größere und/oder kräftigere Patienten zu halten.

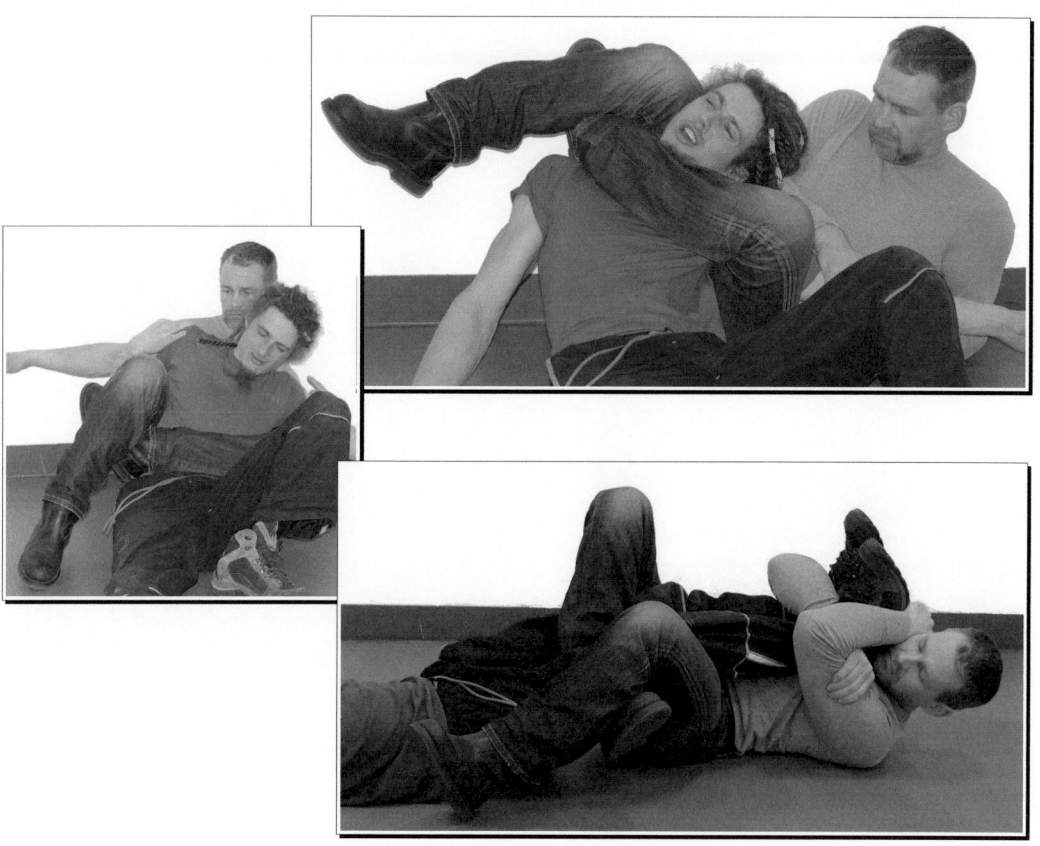

Auch wenn diese Technik „brutal" aussieht, wird sie meist von den Patienten nicht
so erlebt. Die Triangel darf aber **auf keinen Fall als Würgetechnik** verwandt
werden. Dies führt zu Ängsten, Schmerzen, Verletzungen, Aggressionen und im
schlimmsten Fall zum Tod.

3.3.5 SaFE-Umklammerung

„Der Irrsinn ist bei Einzelnen etwas Seltenes – aber bei Gruppen,
Parteien, Völkern, Zeiten die Regel." Friedrich Nietzsche

Diese Umklammerung kommt ebenfalls ohne „schmerzhafte" Hebeltechniken aus.

Das Gegenüber darf nicht **viel** stärker oder schwerer sein. Diese Technik kann ideal in der Arbeit mit Kindern und Jugendlichen eingesetzt werden. Mit wenig Krafteinsatz ist es möglich, diesen Griff über Stunden zu halten.

 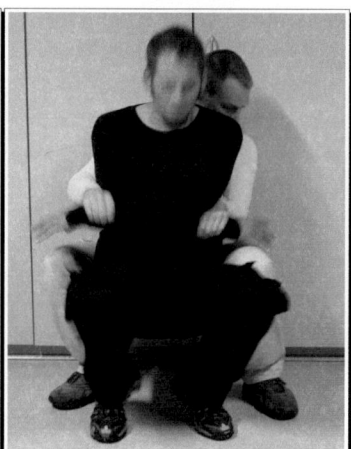 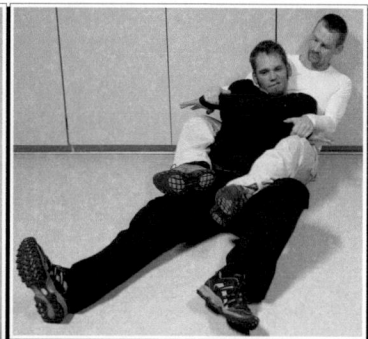

1. Beide Arme von hinten über Kreuz greifen.

2. An der Wand nach unten hinsetzen.

3. Mit den Beinen um den Bauch eine Schere ansetzen.

Wenn sich die Person beruhigt, kann man erst einmal einen Arm loslassen. Schlägt das Gegenüber wieder um sich, ist es möglich, diesen Arm wieder schnell zu greifen. (Hier wirkt das **Mood-Matching** durch Atmung, d.h. durch bewusste und ruhige Atmung den anderen zur Ruhe bringen – siehe auch Kapitel 2.5.3.)

3.3.6   SaFE-Klammergriff

Es ist oft eine Sache der Fragestellung. Es macht einen großen Unterschied, ob ich frage: „Darf ich beim beten rauchen?" oder ob ich frage: „Darf ich beim rauchen beten?"

Mit dem SaFE-Klammergriff ist es den Mitarbeitern möglich einen Patienten wegzuführen oder zu Boden zu bringen. Diese Technik funktioniert auch bei Menschen, die größer und/oder kräftiger sind. Der Patient befindet sich im Hohlkreuz und kann deshalb seine Kraft kaum nutzen.

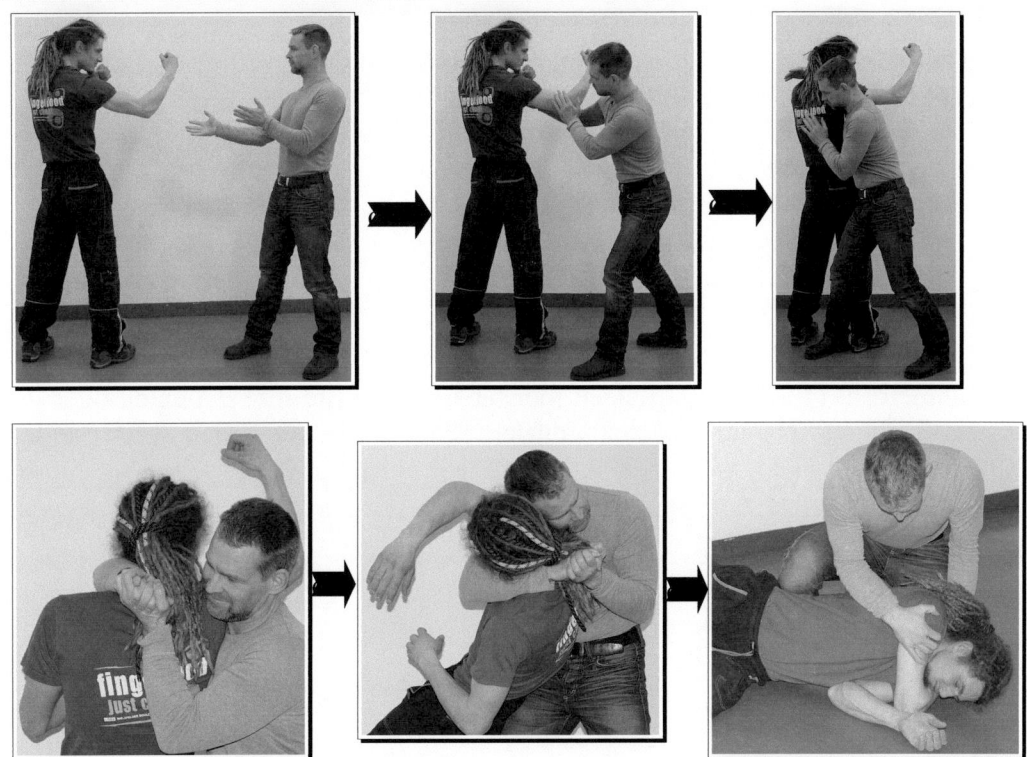

Zur Bodenfixierung kniet sich der Mitarbeiter in Position direkt hinter den Patienten und hält dessen Handgelenk. Der Patientenarm ist dabei um seinen eigenen Hals „gewickelt".

Diese und andere SaFE-Techniken sind nicht so einfach aus einem Buch zu lernen. Im Idealfall üben Sie diese mit Kampfsportlern oder auf Lehrgängen.

3.4   Fixierung

„Man muss die Welt nicht verstehen – man muss sich darin nur zurechtfinden. " Albert Einstein

Die Fixierung eines Patienten darf nur nach ärztlicher Anordnung durchgeführt werden, es sei denn, die Maßnahme ist zur Abwehr einer unmittelbar drohenden und erheblichen Gefahr nicht bis zur ärztlichen Entscheidung aufschiebbar. Jedoch ist das Pflegepersonal verpflichtet, die ärztliche Entscheidung unverzüglich herbeizuführen. Hier sind klinikinterne Standards und die jeweiligen Landesunterbringungsgesetze zu beachten (z.B. PsychKG NRW).

3.4.1   Rechtliches

„Was dem Dummen einleuchtet, das ist ihm die größte Weisheit. "
Deutsche Lebensweisheit

Für das Personal gelten ebenfalls die Notwehr (§ 32 StGB) und das Jedermann-Festnahmerecht (§ 127 StPO). Doch meistens kennen Sie Ihre Patienten oder die Angehörigen mit Namen. Deshalb dürfen Sie diese nicht gegen ihren Willen festhalten. Auch nicht, wenn Sie sie gerade bei einer Straftat gesehen haben. Da sollen Sie die Polizei verständigen und dies zu Protokoll geben. (siehe Kapitel „Rechtliche Grundlagen").

Mittels der Haltetechnik können die Patienten festgehalten werden, so dass sie keine weiteren Angriffe unternehmen können. Sie sollten keine Bewegungsfreiheit mehr haben. Arme und Beine des Patienten sind bestenfalls so platziert, dass keine Befreiungstechnik oder effektiven Angriffe möglich sind. Bei einem stärkeren oder viel schwereren Gegner ist dies schwierig. Das eigene Körpergewicht kann genutzt werden, um den Gegner zu fixieren. **Vorsicht:** Die Atmung wird durch Belastung von Bauch und/oder Brustkorb erschwert. Hebel- und Würgetechniken können den Patienten gefährden und schädigen.

Führt die verbale Deeskalation nicht zum Ziel, nämlich der Entschärfung einer bedrohlichen Situation, kann die Anwendung unmittelbaren Zwanges nötig werden.
Eine der häufigsten Zwangsmaßnahmen im Pflegebereich ist die Fixierung, also das Fesseln des Patienten am Bett. Voraussetzung dafür ist eine „gegenwärtige erhebliche Selbstgefährdung oder eine gegenwärtige erhebliche Gefährdung bedeutender Rechtsgüter anderer" (PsychKG NRW).

Ist der Patient dann fixiert, wird der Sitz der Gurte nochmals kontrolliert (Faustregel: Ein Finger passt unter den Handgurt, eine Hand unter den Bauchgurt). Anschließend folgt eine genaue Dokumentation der Maßnahme, sowie die Evaluation im Team. Der fixierte Patient ist unter ständiger Sichtkontrolle unterzubringen. Des weiteren sind Vitalzeichen und Allgemeinzustand engmaschig zu überprüfen, dem Patienten die Nahrungsaufnahme, Ausscheidung (ggf. Steckbecken oder Urinflasche) zu ermöglichen.

Generell gilt: Eine Fixierung soll s**o kurz wie möglich** und **so lange wie nötig** aufrechterhalten werden. (Es darf **nie** um **Bestrafung** gehen. In dem Moment, in welchem Sie z.B. denken: „Der hat es auch verdient!" ist die professionelle Beziehungsebene gestört.)

Eine Nachbesprechung der Zwangsmaßnahme sollte auch mit dem Patienten erfolgen, sobald sein Zustand dies erlaubt. Fixierungen werden von vielen Patienten als Trauma erlebt, welches eine Nachbesprechung dringend erfordert.

Laut dem Gesetz über Hilfen und Schutzmaßnahmen bei psychischen Krankheiten (PsychKG NRW) ist eine Fixierung oder Isolierung „sofort aufzuheben, sobald die Voraussetzungen für ihre Anordnung entfallen".

3.4.2 Techniken und Taktik

„Ein durchdachter Angriffsplan schließt die Rückzugsmöglichkeit ein." Hans Kasper

Die Techniken aus den vorherigen Kapiteln können Sie ideal bei den Fixierungen anwenden. Nutzen Sie auch Ihr Körpergewicht, indem Sie sich z.B. auf dem Oberschenkel des zu Fixierenden legen. (**Vorsicht**: Nicht auf Gelenke aufgrund der Verletzungsgefahr setzen oder legen!) Die Techniken können natürlich auch im Mix angewendet werden.

Um eine Fixierung für Patienten und Personal so sanft und schonend wie möglich zu gestalten, sind hier einige Vorschläge zur Strukturierung:
Die Fachliteratur macht unterschiedliche Angaben darüber, wie viele Mitarbeiter an der Fixierung eines Patienten beteiligt sein sollten. Die Empfehlungen reichen von drei bis vier gut geschulten Mitarbeitern bis hin zu möglichst vielen. (*Quantität statt Qualität, es wird darauf spekuliert, dass ein renitenter Patient sich durch die schiere Masse an Personal einschüchtern lässt.*) Wir halten eine Beteiligung von vier bis fünf Pflegepersonen, welche koordiniert vorgehen, in den meisten Fällen für angemessen. Weitere Kollegen können als „Reserve" fungieren, sichern, dem Arzt bei der Applikation von Medikamenten assistieren oder neugierige Mitpatienten fernhalten. Bei einer geplanten Fixierung, d.h., wenn der Patient nicht aufgrund einer Impulsreaktion augenblicklich ohne Planungsphase fixiert werden muss, empfiehlt es sich, einzuteilen, welcher Mitarbeiter wo zugreift. Beispielsweise Mitarbeiter A greift rechten Arm, Mitarbeiter B linkes Bein usw. Auf diese Art und Weise steht man sich nicht gegenseitig im Weg, jeder weiß, was er zu tun hat und man gerät nicht in Gefahr, versehentlich den Fuß des Kollegen zu fesseln. (*Dies soll tatsächlich bereits vorgekommen sein!*) Aber auch bei „unvorhergesehenen" Fixierungen, bei denen keine detaillierte Planung möglich ist, ist es hilfreich, zumindest kurze Absprachen zu treffen. Aus Erfahrung schlagen wir folgende Rollenverteilung vor:

A. Fixierungsleitung:
Diese Person soll den Überblick behalten, gibt an, wann der Zugriff zu erfolgen hat und wohin der Patient eventuell transportiert wird. Er legt die Rollen der anderen vor dem Zugriff fest und kann diese gegebenenfalls auch während des Zugriffs ändern. Im Idealfall ist dies die erfahrenste Fachkraft im Bezug auf Fixierungen.

B. Kontaktperson:

Diese Person hält den Kontakt zu dem Patienten. Er teilt dem Patienten z.B. die nächsten Schritte mit. Diese Person ist ruhig und deeskalalierend. Im Idealfall hat die Kontaktperson schon vorher ein Vertrauensverhältnis zum Patienten aufgebaut. Wenn die Kontaktperson mitfixieren „muss" (meist aus Personalmangel), sollte diese am Patientenkopf (siehe C. Kopfkontrolle) fixieren, um einen direkten Kommunikationskontakt zu haben. Außer der Kontaktperson spricht niemand mit dem Patienten. Viele Stimmen verwirren eher und können im schlimmsten Fall die Aggressionen steigern. Die Kontaktperson hält auch noch den Kontakt nach der Fixierung zum Patienten.

C. Kopfkontrolle:

Diese Person kontrolliert den Kopf des Patienten. Zum einen soll dieses empfindliche Körperteil geschützt werden, z.B. beim Sturz oder bei ruckartigen Bewegungen. Zum anderen schützt man durch die Kopfkontrolle auch die anderen Mitarbeiter vor Bissen und Kopfstößen. Außerdem beeinflusst man durch die Kopfkontrolle die „Energierichtung" des Patienten. Dieser kann viel fester in die Richtung schlagen, in welche er schaut. Im Umkehrschluss sollte die Kopfkontrolle den Kopf in die andere Richtung drehen. Bei zu wenig Personal, soll die Kopfkontrolle auch den Kontakt zum Patienten gewährleisten (siehe B. Kontaktperson).

D. – Z. Fixierer:

Die anderen Mitarbeiter fixieren den Patienten. Sie haben im Idealfall eine zugewiesene Aufgabe, befolgen die Anweisungen der Fixierungsleitung, achten auch sich, die Kollegen und den Patienten.

Bevor der Zugriff erfolgt, wird der Patient zunächst über die geplante Maßnahme und ihre Begründung informiert. Darauf folgt die Aufforderung, er möge sich auf das vorbereitete Bett legen. Hierbei sollte eine Pflegeperson aus der Gruppe die Rolle des Sprechers übernehmen, um den Patienten nicht durch „wildes Auf-ihn-einreden" zusätzlich zu verwirren. Die Tonlage und Wortwahl sollte höflich und bestimmt sein. Kommt der Patient der Aufforderung nach und lässt sich ohne Widerstand fixieren, ist es hervorragend gelaufen. Doch dies ist leider nicht immer der Fall. Weigert er sich, leistet gar Widerstand, sollte zügig und kompromisslos gehandelt werden. Auf ein Kommando (vorher verabredetes Zeichen) greifen alle Pflegerpersonen „ihre" Extremität, legen den Patienten auf das Fixierbett und beginnen unverzüglich mit der Fesselung. Hat man einen Arm oder ein Bein gefesselt, kurze Information an die Kollegen (z.B. „rechtes Bein fest!"). Von da an assistiert derjenige seinen Kollegen oder sichert weiter den Patienten. Die Kenntnis über Schutz- und Eingriffstechniken sowie taktisches Vorgehen erweisen sich als deutlich vorteilhaft.

Das A und O bei jeder Fixierung, genau wie bei jeder Anwendung des unmittelbaren Zwanges, ist die Verhältnismäßigkeit der Mittel. Das heißt, es ist absolut unzulässig und unangebracht, einen Patienten bei einer Fixierung zu schlagen, zu treten oder sonst wie zu verletzen. In einer Situation, in der eine Pflegekraft von einem aufgebrachten, mit einem abgeschlagenen Flaschenhals bewaffneten Patienten in die Ecke getrieben wurde und möglicherweise um Leben und Gesundheit kämpft, sieht die Rechtslage unter Umständen anders aus. Dies bedeutet „Verhältnismäßigkeit der Mittel".

Ist der Patient dann fixiert, wird der Sitz der Gurte nochmals kontrolliert (Faustregel: Ein Finger passt unter den Handgurt, eine Hand unter den Bauchgurt). Die Vorgaben der jeweiligen Fixiersystem-Hersteller (z.B. Segufix®, Biocare®) sind hier zu beachten. Anschließend folgt eine genaue Dokumentation der Maßnahme, sowie die Evaluation im Team.

Der fixierte Patient ist unter ständiger Sichtkontrolle zu überwachen. Anlass, Anordnung, Art, Umfang und Dauer der Maßnahmen sind zu dokumentieren und der Verfahrenspflegerin, dem Verfahrenspfleger, den Verfahrensbevollmächtigten und der gesetzlichen Vertretung der Betroffenen unverzüglich mitzuteilen. Des weiteren sind Vitalzeichen und Allgemeinzustand engmaschig zu überprüfen, dem Patienten die Nahrungsaufnahme, Ausscheidung (ggf. Steckbecken oder Urinflasche) zu ermöglichen. Eine Fixierung soll so kurz wie möglich und so lange wie nötig aufrechterhalten werden. Eine Nachbesprechung der Zwangsmaßnahme sollte auch mit dem Patienten erfolgen, sobald sein Zustand dies erlaubt. Fixierungen werden von vielen Patienten als Trauma erlebt, welches eine Nachbesprechung dringend erfordert. Laut dem Gesetz über Hilfen und Schutzmaßnahmen bei psychischen Krankheiten (PsychKG NRW) ist eine Fixierung oder Isolierung „sofort aufzuheben, sobald die Voraussetzungen für ihre Anordnung entfallen".

3.4.3   Gefahren

„Auf dem Wege des Fortschritts sind Barrikaden aus Gewöhnung errichtet." Jakow Trachtenberg

Die Fixierung eines Patienten am Bett stellt für alle Beteiligten eine Extremsituation dar, welche zahlreiche psychische Belastungen bis hin zur Traumatisierung bieten kann.

Doch auch organische Gefährdungen, bis hin zum Tod des Patienten sind gegeben, insbesondere bei nicht sachgemäßer Anwendung von Fixiermaterial.

Zunächst sei hier darauf hingewiesen, dass bei fixierten Patienten besonders großer Wert auf die Durchführung der Prophylaxen gelegt werden muss. Dekubitus-, Thrombose- und Pneumoniegefahr steigen durch die Immobilisation enorm an. Da die Durchführung der Prophylaxen zum großen Teil in die pflegerische Durchführungsverantwortung gehört, gilt hier also besondere Aufmerksamkeit.

Forensische Studien haben gezeigt, dass Todesfälle bei fixierten Patienten in erster Linie drei Ursachen haben. Alle drei Todesursachen begründen sich meist in Anwendung von Bauchgurten (Leibbandagen) ohne zusätzliche Fixierung der Extremitäten.

Strangulation

Wird ein Patient nur mit einem Bauchgurt fixiert, ist es vielen Fixierten ohne weiteres möglich, sich durch Rutschbewegungen in Richtung Fußende zu bewegen. Teilweise steigen diese Patienten mit den Beinen über das Fußteil des Bettes und bleiben mit dem Hals in Höhe des Bauchgurtes hängen. Durch die Unterbrechung der Sauerstoffzufuhr tritt der Tod ein. Dieses ist die am schnellsten zum Tode führende der drei genannten Arten.

Bei der Verwendung von Bettseiten („Bettgittern") kann ebenfalls Strangulationsgefahr bestehen, wenn es sehr kachektischen Patienten gelingt, ihren Körper zwischen die Leisten der Bettseiten zu zwängen und sie mit dem Hals steckenbleiben.

Thoraxkompression

Zur Kompression des Oberkörpers kann es durch die gleichen Mechanismen kommen, die auch der Strangulation zugrunde liegen. Bleibt der Patient beim Versuch, sich durch Rutschen aus dem Bauchgurt zu befreien, in Höhe des Oberkörpers hängen, kann durch das Zusammendrücken des Oberkörpers die Atmung unterbunden werden. Der Patient erstickt qualvoll. Auch der Versuch, sich samt Bauchgurt aus dem Bett zu rollen, kann zu einer hängenden Lage und damit zur Thoraxkompression führen. Dies ist besonders dann der Fall, wenn ein Bauchgurt ohne Seitenbefestigungen verwendet wird (was übrigens laut Herstellervorgaben verboten ist und somit eine unsachgemäße Anwendung eines Medizinprodukts darstellt!)

Thoraxkompression und Strangulation sind übrigens auch möglich, wenn Patienten mit Bauchgurten oder sog. Ergotischen an (Roll-) Stühle fixiert werden.

Kopftieflage

Auch die Kopftieflage begründet sich meist in der Anwendung von Bauchgurten ohne Seitenbefestigungen. Der Patient rollt mit Gurt aus dem Bett, es gelingt ihm nicht, sich aus dem Gurt zu befreien und er bleibt mit dem Kopf nach unten am Bett hängen. Dadurch kommt es zu einem Versacken des Blutes im Brustraum, wo im Gegensatz zu den Extremitäten keine ausreichend ausgebildete Muskel-Venen-Pumpe vorhanden ist. Dies wiederum sorgt für einen unzureichenden Rückfluss des Blutes zum Herzen. Diese ist die langsamste und damit qualvollste der drei genannten Todesarten.

Zur Verhinderung von Fixierungsunfällen sind folgende Grundsätze zu beachten:

- Unbedingtes Beachten der Herstellerhinweise der Fixiersysteme!
- Keine Anwendung von Bauchgurten oder Bettgittern ohne zusätzliche Fixierung der Extremitäten!
- Kontinuierlicher Sichtkontakt zu fixierten Patienten mit Dokumentation!
- Anpassen des Fixiersystems (verschiedene Größen) an die jeweiligen Patienten!

Eine Fixierung sollte stets so **kurz wie möglich** und so **lange wie nötig** und nur als **letztes Mittel zur Gefahrenabwehr** angewendet werden. Eine gewissenhafte Anwendung von professionellem Fixiermaterial durch fachkundiges Personal ist unbedingt zu gewährleisten!

Es darf **nie** um **Bestrafung** gehen. In dem Moment, in welchem Sie denken: „Der hat es auch verdient!" ist die professionelle Beziehungsebene gestört.

3.4.4   Allgemeines

„Die Menschen sind heutzutage nicht schlechter, als sie früher waren.
Nur die Berichterstattung über ihre Taten ist gründlicher geworden. "
William Faulkner

Wichtige Regel:
Unbedingt sich selber schützen - keine Heldentaten! Daran denken, dass Gewalt auch von uns ausgeht, wenn wir „Nein" sagen, Patienten einsperren oder zwangsbehandeln! Wir haben einige Verhaltenstipps für potentiell brisante Situationen im Pflegebereich zusammengestellt:

Transport:
Manchmal müssen Patienten/Bewohner mit Fahrzeugen in andere Kliniken verlegt, externen Ärzten vorgestellt oder anderweitig transportiert werden.
Besonders bei fluchtgefährdeten (Psychiatrie, Forensik) oder verwirrten (Altenpflege-, Behindertenbereich) Patienten bzw. Bewohnern, stellen Transporte unter Umständen ein Risiko dar.
Es empfiehlt sich, sich bereits im Vorfeld über verschiedene Dinge Gedanken zu machen:
- Ist es sinnvoller zwei Begleiter mitzuschicken?
- Hat das Fahrzeug eine Kindersicherung?
- Auf welchem Sitzplatz sind die Fluchtmöglichkeiten am geringsten?
- Sind zusätzliche Sicherungsmaßnahmen erforderlich (z.B. Fixierung auf einer Krankentrage)?

Bei Aufnahme:
Wenn man einen Menschen zum ersten Mal trifft, fällt es schwer, ihn einzuschätzen. Dies ist in Aufnahmesituationen der Fall.
Deshalb sollten bei Aufnahme einige Sicherheitstipps beachtet werden:
- Den Patienten nicht allein lassen.
- Auf Körpersprache und Anzeichen von Anspannung/Aggressivität achten.
- Ggf. durchsuchen (je nach Stationsordnung).
- Gefährliche Gegenstände aus dem Aufnahmezimmer entfernen.

Zusammenfassung

„Viel zu lernen Du noch hast!" Jedi-Meister Yoda

**Wehret den Anfängen - Vorbeugung ist besser als Nachsorge.
Achten Sie immer auf sich und Ihre Kollegen.**

**Beschäftigen Sie sich mit den Themen Kommunikation und Deeskalation.
Besuchen Sie Kurse, lesen Sie Bücher usw.**

**Erarbeiten Sie ein Gewaltvorbeugungskonzept mit Unterstützung Ihrer
Kollegen, *Vor*-gesetzen und eventuell professioneller Hilfe.**

Bedenken Sie: Uniformen und Waffen erschweren immer eine Deeskalation.

**Schärfen Sie Ihre *Wahr*-nehmung.
Je eher Sie eine Eskalation wahrnehmen, desto einfacher ist die Deeskalation.**

Eigensicherung ist das oberste Gebot.

Achten Sie auf Ihr Bauchgefühl, Ihre Intuition.

Beruhigen Sie sich selbst.

Achten Sie auf Ihre Körpersprache, Mimik, Gestik und Stimme.

**Ihre Haltung (Geistes- und Körperhaltung) ist
schon die erste Möglichkeit einer Deeskalation.**

**Beziehungsarbeit ist als die beste Gewaltprävention
mit Langzeitwirkung zu sehen.**

**Eine positive Einstellung zu Menschen und ein guter Kontakt sind
die besten Sicherungen zur Verhinderung einer Eskalation.**

4 Informationen

„Der wahre Zweck eines Buches ist, den Geist hinterrücks zum eigenen Denken zu verleiten." C. D. Morley

Da wir wissen, dass unser Buch nicht vollständig ist und einige Entwicklungsmöglichkeiten hat, verweisen wir *(mal wieder)* hier auf weitere Informationen.

4.1 Literaturempfehlungen

„Es war die Art zu allen Zeiten, Irrtum statt Wahrheit zu verbreiten."
Johann Wolfgang von Goethe

 Bärsch, Tim (2009): **Verhindern Sie Gewalt**
Wie haben Personen in gewalttätigen Situationen ihr kreatives Potential genutzt? Über 100 Anregungen für 9,99 €

 Bärsch, Tim (2011): **125 Übungen zur Gewaltprävention**
Vertrauens-, Kooperations-, Kampf-, Reflexionsübungen u.v.m. nach den Gruppenphasen geordnet für 9,99 €

 Bärsch, Tim (2013): **Schlag doch zu, Hurensohn**
Praxisratgeber und Arbeitsbuch für Jugendliche zu den Themen Deeskalation, Zivilcourage und Körperverletzung für 5,99 €

 Bärsch, Tim (2014): **Sei kein Opfer ... und kein Täter**
Ein *unterhaltsamer* Ratgeber zu den Themen Deeskalation, Gewaltprävention und Zivilcourage für 8,99 €

 Bärsch, Tim (2015): **Erlebnisorientierte Gewaltprävention**
Trainerhandbuch mit über 150 Übungen und Ideen aus der Erlebnispädagogik für 9,99 €

Die nachfolgenden Bücher mit Verlagsort Schwerte sind nur über die **Edition Zebra der Gewalt Akademie Villigst** zu bekommen.

Tel.: 02304 – 755190   Fax: 02304 – 755295
Internet: www.gewaltakademie.de
Email: g.kirchhoff@aej-haus-villigst.de

- Birkenbihl, Vera F.: **Warum wir andere in die Pfanne hauen ...;** Paderborn 2005
- Feustel, Bert / Komarek, Iris: **NLP-Trainingsprogramm**, München 2006
- GAV (Hrsg.): **Impulse und Übungen - Teil 1 - 3**; Schwerte 1996 – 2007
- Havener, Thorsten: **Ich weiß, was du denkst**; Hamburg 2009
- Karkalis, André / Kernspecht, Keith R.: **Verteidige Dich3**; Burg / Fehmarn 2003
- Küstenmacher, Werner Tiki / Seiwert, Lothar J.: **simplify your life**; München 2004
- Meis, M. S. / Rhode, R.: **Wenn Nervensägen an unseren Nerven sägen;** München 2006
- Nau, J. / Oud, N. / Walter G. (Hrsg.): **Aggression und Aggressions-management**; Bern 2012
- Pease, A. / Pease, B.: **Die kalte Schulter und der warme Händedruck**; Berlin 2006
- Posselt, Ralf-Erik: **Gewalt löst keine Probleme**; Schwerte 2000
- Prior, Manfred: **MiniMax-Interventionen**; Heidelberg 2007
- Rosenberg, Marshall B.: **Gewaltfreie Kommunikation**; Paderborn 2004
- Schlafhorst, Holger R. u.a.: **Der Umgang mit Menschen**; Ingelheim 2003
- Schulz von Thun, F.: **Miteinander Reden 1 - 3**; Hamburg 2006
- Watzlawick, Paul: **Anleitung zum Unglücklichsein;** München 2008

4.2   Weiterführende Literatur

- Bandura, Albert: **Aggression**; Stuttgart 1979
- Beaulieu, Danie: **Klimazone Klassenzimmer;** Heidelberg 2008
- Birkenbihl, Vera F.: **Das 30 Tage-Trainings-Programm. Kommunikation und Rhetorik;** München 2003
- Bongartz, Ralf / Meis, Mona Sabine / Rhode, Rudi: **Angriff ... ist die schlechteste Verteidigung**; Paderborn 2003

- Braune-Krickau, Michael / Langmaack, Barbara: **Wie die Gruppe laufen lernt**; Weinheim 1995
- Brinkmann, Heinz U. / Frech, Siegfried / Posselt, Ralf-Erik: **Gewalt zum Thema machen;** Bonn 2008
- Cleese, John / Skynner: **... Familie sein dagegen sehr**; Paderborn 2000
- Fexeus, Henrik: **Die Kunst des Gedankenlesens;** Leipzig 2009
- Gall R. / Kilb R. / Weidner J.: **Konfrontative Pädagogik in der Schule;** Weinheim 2006
- Gerlach, Nicole M.: **Mobbing;** Schwerte 2009
- Gigerenzer, Gerd: **Bauchentscheidungen**; München 2008
- Gilsdorf, R. / Kistner, G. : **Kooperative Abenteuerspiele 1 + 2**; Seelze-Veber 2002/3
- Golemann, Daniel: **Emotionale Intelligenz**; München 1997
- Grabs, Roland: **Sportjugend gegen Gewalt**; Duisburg 1997
- Gruhl, Monika: **Die Strategie der Stehauf-Menschen**; Freiburg 2008
- Gugel, Günther: **Gewalt und Gewaltprävention**; Tübingen 2006
- Havener, T. / Spitzbart. M.: **Denken Sie nicht an einen blauen Elefanten**; Reinbek 2010
- Heckmair, Bernd / Michl, Werner: **Erleben und lernen**; Berlin 1998
- Hees, Katja / Wahl, Klaus: **Täter oder Opfer?**; München 2009
- Hofinger, Gesine (Hrsg.): **Kommunikation in kritischen Situationen**; Frankfurt 2005
- Hücker, Fritz: **Rhetorische Deeskalation**; Nehren 2005
- Hurrelmann, Klaus: **Lebensphase Jugend**; Weinheim 1999
- Jehn, Otto / Kilb, Rainer / Weidner, Jens (Hrsg.): **Gewalt im Griff III**; Weinheim 2003
- Kernspecht, Keith R.: **BlitzDefence - Die Strategie gegen den Schläger;** Burg / Fehmarn 2000
- Kernspecht, Keith R.: **Der Letzte wird der Erste sein**; Burg / Fehmarn 2004
- Ketelsen R. / Schulz M. / Zechert C.: **Seelische Krise und Aggressivität**; Bonn 2004
- Korn J. / Mücke T.: **Gewalt im Griff 2**; Weinheim 2005
- Kumbier, D. / Schulz von Thun, F. (Hrsg.): **Interkulturelle Kommunikation**; Hamburg 2006
- Linsenmayr, R. / Rösch, S.: **Vom Umgang mit schwierigen und gewaltbereiten Klienten**; Bonn 2012

- Lohmann, Friedrich: **Konflikte lösen mit NLP**; Paderborn 2003
- Maeyer, Gregie de / Vanmechelen, Koen: **Juul**; Weinheim 1997
- Müller, Werner: **Spielmann, Clown, Theatermacher**; München 1994
- O´Connor, Joseph / Seymour, John: **Neurolinguistisches Programmieren**; Freiburg 2004
- Richter Dirk: **Patientenübergriffe auf Mitarbeiter psychiatrischer Kliniken**; Freiburg im Breisgau 1999
- Richter, D. / Sauter D. (Hrsg.): **Gewalt in der psychiatrischen Pflege**; Bern 1998
- Schubart, W.: **Gewaltprävention in Schule und Jugendhilfe**; Brühl 2000
- Weidner, J.: **Anti-Aggressivitäts-Training für Gewalttäter**; Bonn 1997

4.3   Internetseiten

„Natürlich ist es keine angenehme Sache festzustellen, dass die Leute, die mit einem übereinstimmen, vollkommen wahnsinnig sind."
Philipp K. Dick

www.aheyer.de
www.axel-dumschat.de
www.baer-sch.de
www.bayern.jugendschutz.de
www.bpb.de
www.coolness-training.de
www.dvnlp.de
www.dv-gp.de
www.ewto-gewaltpraevention.de
www.fassmichnichtan.de
www.faustlos.de
www.flora-silikat.de
www.friedenspaedagogik.de
www.gewaltakademie.de
www.holger-schlafhorst.de
www.idaev.de
www.jugend.essen.de

www.karkalis-pr.com
www.kfn.de
www.konfrontative-paedagogik.de
www.labor-k.de
www.lehrerinfo-bayern.de
www.lidia-bayern.de
www.lions-clubs.de
www.martin-sattler-sv.de
www.mutiger.de
www.rabe-deeskalation.de
www.redok.de
www.schulberatung.bayern.de
www.schulische-gewaltpraevention.de
www.stressfreies-arbeiten.org
www.verfassungsschutz.de
www.wingtsunwelt.com
www.wikipedia.de

„Sie sind abstoßend und intellektuell zurückgeblieben. Sie sind moralisch verkommen, vulgär, unsensibel, selbstsüchtig und dumm. Sie haben keinen Geschmack, einen schrecklichen Humor und riechen." Cher als Alexandra Medford in „Die Hexen von Eastwick"

BaER® Akademie Essen
Bewältigung aggressiver Emotionen & Reaktionen

Tim Bärsch
- Dozent der Universität Duisburg-Essen
- Diplom-Sozialarbeiter / Diplom-Sozialpädagoge
- Anti-Aggressivitäts-, Coolness-, WingTsun- und Deeskalationslehrtrainer; Systemischer und NLP-Coach
- Erfahrungen in den Bereichen Gewaltprävention (alle Altersklassen), Sicherheitsdienst, Jugendamt und Erwachsenenbildung

Marian Rohde
- Stationsleitung einer geschützten psychiatrischen Station
- Fachgesundheits- und Krankenpfleger für Psychiatrie
- Deeskalations-, Kommunikations-, Selbstverteidigungs- und Schutztechnikentrainer
- Erfahrungen in den Bereichen stationäre und teilstationäre Psychiatrie, ambulante Pflege, Forensik und Erwachsenenbildung

BaER® Akademie Essen
Bewältigung **a**ggressiver **E**motionen & **R**eaktionen
Deeskalation, Gewaltprävention und Coaching
Geschäftsführung: Tim Bärsch
Internet: http://www.baer-sch.de
Email: kontakt@baer-sch.de

Das Beste zum Schluss

Humor hilft manchmal über bestimmte Situationen hinwegzukommen oder diese zu ertragen, nach dem Motto „Das kann ja Eiter werden!" oder „Schönes Knochenende!"

Kommt ein Mann zum Arzt: "Herr Doktor, stellen Sie sich vor, ich kann in die Zukunft sehen!" - "Seit wann denn das?" - "Seit nächsten Samstag!"

Ein Mann kommt zum Arzt: "Herr Doktor, ich leide stark an Gedächtnisschwund!" - "Seit wann haben Sie denn das?" - "Was habe ich?"

"Herr Doktor, ich habe das Gefühl, dass mich keiner ernst nimmt." - "Sie scherzen."

Kommt ein Mann zum Arzt: "Herr Doktor, ich werde dauernd übersehen!" - "Der nächste bitte!"

Kommt ein Mann zum Arzt: "Herr Doktor, ich habe jeden Morgen um 6 Uhr Stuhlgang!" - "Das ist doch sehr gut, junger Mann!" - "Aber nicht wenn ich erst um 7 Uhr aufstehe!"

Kommt ein Mann zum Arzt: "Herr Doktor, es geht mir überhaupt nicht gut, was ist nur los mit mir?" - "Sie haben Krebs und Alzheimer." - "Alzheimer... Puh, wenigstens kein Krebs!"

Kommt ein Mann zum Arzt: "Herr Doktor, ich habe schrecklichen Durchfall, kann ich damit baden?" - "Ja, wenn Sie die Badewanne damit vollkriegen."

Kommt ein Mann zum Arzt: "Herr Doktor, ich habe eine schwere Grippe und kann nicht mehr schlafen." - "Hier haben Sie Tabletten, damit können Sie dann wieder die ganze Nacht durchschlafen." - "Toll, und wie oft muss ich die nehmen?" - "Alle Stunde eine, auch nachts."

Kommt der Arzt ans Sterbebett: "Ihre Frau gefällt mir überhaupt nicht" - "Mir auch nicht, aber es dauert ja nicht mehr lange, nicht?"

Stationsarzt zur Jungschwester: "Haben Sie Patient Nr.12 das Blut abgenommen?" "Ja, aber mehr als sechs Liter habe ich nicht aus ihm herausbekommen..."

Die Krankenschwester kommt mit hochrotem Kopf und zerzausten Haaren aus dem Einzelzimmer und nestelt ihre Bluse zu. Fragt der Chefarzt: "Um Himmelswillen, ist etwas passiert?" Die Schwester: "Wie kann ich das jetzt schon wissen?"

Der neue Arzt stellt sich im Krankenhaus einer jungen hübschen Schwester vor: "Stuhl!" Die Schwester errötet: "Tut mir leid, Herr Doktor - heute noch nicht."

"Warten Sie, Schwester, ich muss noch schnell das Rezept unterschreiben." - "Aber, Herr Doktor, das ist ein Thermometer." - "Verdammt, wo habe ich jetzt meinen Kugelschreiber gelassen."

Die Oberschwester kommt aufgeregt ins Arztzimmer gerannt: "Der Simulant in Zimmer 23 ist gerade verstorben!" - "Donnerwetter", sagt der Stationsarzt, "jetzt übertreibt er aber gewaltig!"

"Jetzt sag ich's Ihnen zum letzten Mal", brüllt der Arzt die Krankenschwester an, "wenn sie einen Totenschein ausfüllen, dann schreiben sie unter Todesursache den Namen der Krankheit und nicht den des behandelnden Arztes!"

Psychiater zum Patient: "Leiden Sie unter perversen Vorstellungen?" - "Nein, ich genieße sie."

„Schwer zu sagen, was Sie haben", sagt der Doktor. "Liegt wahrscheinlich am Alkohol." - "Macht nichts, Herr Doktor. Dann schau´ ich später nochmal wieder rein, wenn sie nüchtern sind."

Unterhalten sich zwei Krankenschwestern "Heute haben wir einen bekommen, der hat alles. Syphilis, Aids, Herpes, Krebs, Cholera, Hepatitis, Ruhr,..." - "Und was macht ihr mit dem?" - "In der Früh bekommt er einen Toast, zu Mittag eine Pizza und am Abend ein Omelett!" - "Und, das hilft?" - "Nein, aber das geht unter der Tür durch!"